DAMIEN BULLOT
PHOTOGRAPHIES : BRUNO SELLIER

LES PLUS BELLES DESTINATIONS À MOTO

SUR LES ROUTES DE FRANCE

PRÉFACE DU CHEF ÉTOILÉ SIMONE ZANONI

moto revue

Casa éditions

MOTO journal

PRÉFACE

Mes deux passions les plus intenses sont la cuisine et les balades à moto. Étant un chef italien résidant en France, j'ai eu la chance de découvrir ce magnifique pays sous un angle unique, en parcourant ses routes sinueuses à moto et en savourant ses délicieuses spécialités culinaires. Ce que je préfère commence par une belle journée de printemps, c'est le moment idéal pour enfiler mon casque, démarrer ma Ducati et partir à l'aventure, dans ce pays aux paysages variés et magnifiques, offrant des routes parfaites pour les motards avides de liberté et de découvertes. L'un de mes itinéraires préférés commence dans la région de la Bourgogne. Ici, les routes serpentent à travers des vignobles pittoresques, où l'on peut s'arrêter pour déguster des vins prestigieux comme le chablis ou le pommard. Rien de tel qu'une pause gourmande dans un petit village viticole, pour savourer un déjeuner simple mais exquis, composé de produits locaux : une tranche de jambon persillé, accompagnée d'un bon pain de campagne et d'un fromage de chèvre crémeux. En poussant plus loin, me voici en Provence avec ses champs de lavande à perte de vue et ses petites routes bordées de cyprès qui offrent un cadre et des senteurs époustouflants. Une visite sur un marché s'impose, où l'on peut découvrir des spécialités régionales telles que la tapenade, la ratatouille. Ici, l'accent est mis sur la fraîcheur et la simplicité des ingrédients, ce qui rappelle la philosophie de ma cuisine italienne. Plus au sud, les routes des Alpes-Maritimes nous conduisent vers la Côte d'Azur. Là, le bleu intense de la mer Méditerranée se marie à la perfection avec le vert des montagnes environnantes. À Nice, je recommande une salade niçoise fraîchement préparée. Chaque bouchée est une explosion de saveurs, qui raconte l'histoire et la culture de cette région ensoleillée. Plus à l'ouest, des huîtres à peine remontées et ouvertes sur le port égayent la balade. Plus à l'est, comment ne pas passer par la Champagne puis le Nord. Mais ce qui rend ces balades à moto vraiment spéciales, ce sont les moments de partage. Les rencontres avec les habitants, les discussions passionnées sur les traditions culinaires, et les repas partagés en toute convivialité. C'est dans ces instants de communion autour d'une table que je trouve l'essence même de la gastronomie : le plaisir de découvrir, de savourer et de partager. J'ai découvert en sillonnant les routes avec Greta, ma compagne, après les instants de calme et de réflexion offerts par la conduite, bien plus que des paysages magnifiques et des routes exaltantes. J'ai trouvé une richesse culturelle et gastronomique qui m'inspire chaque jour dans ma cuisine. Alors, si vous en avez l'opportunité, enfourchez votre moto, partez à la découverte de ce merveilleux pays, et laissez-vous envoûter par ses saveurs authentiques.

À bientôt sur les routes ou autour d'une table !

Simone Zanoni - chef au George, un des restaurants de l'hôtel Four Seasons George V à Paris, une étoile au Guide Michelin. Il a été auparavant chef de cuisine dans des restaurants doublement et triplement étoilés de Gordon Ramsay.

Précisions de l'auteur : l'abus d'alcool est dangereux pour la santé et les règles du code de la route s'appliquent . Je n'ai pas donné volontairement des adresses de restaurants car nous laissons aux spécialistes du genre le soin de réactualiser sans cesse les meilleures adresses. L'incontournable web sera aussi un allié précieux pour débusquer LA bonne adresse pour déguster les mets évoqués pour chaque destination. Enfin concernant les routes… le GPS et les applications sont également omniprésents, je me suis plongé dans nos archives pour retrouver certaines des meilleures routes, si le panorama ne change pas, l'état des routes est fatalement fluctuant, à vous d'être prudent. Dernière précision, n'oubliez pas que nous sommes tous les ambassadeurs des motards qui passeront après nous.

Soyons irréprochables !

SOMMAIRE

NORD

HAUTS-DE-FRANCE

ÎLE-DE-FRANCE

OUEST

NORMANDIE

BRETAGNE

PAYS DE LA LOIRE

NOUVELLE-AQUITAINE

SUD

OCCITANIE

PROVENCE-ALPES-CÔTE D'AZUR

CORSE

CENTRE

AUVERGNE-RHÔNE-ALPES

CENTRE-VAL DE LOIRE

EST

BOURGOGNE-FRANCHE-COMTÉ

GRAND EST

NORD

HAUTS-DE-FRANCE
ÎLE-DE-FRANCE

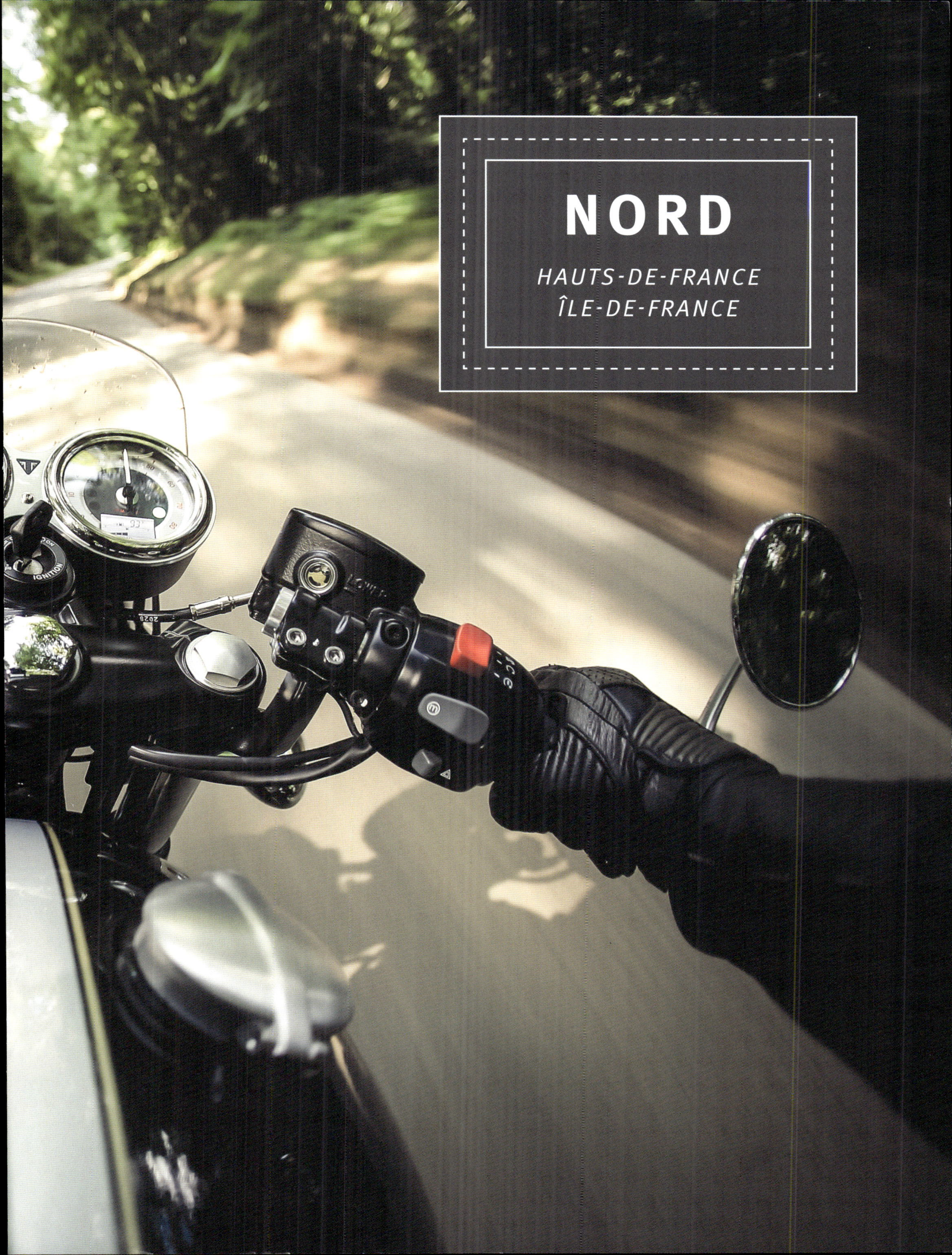

NORD
LILLE

Lille, une ville dynamique et cosmopolite située dans le nord de la France, au cœur de la région des Hauts-de-France. Lille, capitale des Flandres, séduit par son mélange unique de patrimoine historique, de culture vibrante et de vie urbaine animée.

Au détour de ses rues pavées, vous découvrirez un riche héritage architectural, témoignant de l'histoire mouvementée de la ville. Des bâtiments majestueux tels que la Vieille Bourse, l'Hôtel de Ville et la Citadelle renferment des siècles d'histoire et captivent les visiteurs par leur beauté et leur grandeur. Lille est également réputée pour sa scène culturelle dynamique. Les musées, les galeries d'art et les institutions culturelles foisonnent, offrant aux amateurs d'art et d'histoire une multitude d'expositions et d'événements à découvrir. Ne manquez pas le célèbre palais des Beaux-Arts, l'un des plus grands musées de France après le Louvre, qui abrite des trésors artistiques allant de l'Antiquité à nos jours. Mais Lille ne se limite pas à son passé glorieux; elle est aussi une ville résolument tournée vers l'avenir. Son dynamisme économique, son esprit d'innovation et sa jeunesse font d'elle un pôle d'excellence dans de nombreux domaines, de la recherche scientifique à l'industrie créative. En flânant dans les rues animées du Vieux-Lille ou en explorant les quartiers branchés comme Euralille, vous découvrirez une ville où la convivialité est omniprésente. Les terrasses de café accueillantes, les marchés colorés et les festivals animés font de Lille un lieu de vie où il fait bon vivre et où règne une atmosphère chaleureuse.

LA ROUTE

Qui aurait cru que des virages dignes des montagnes se cachent autour de Lille, dans la région des Hauts-de-France ? En prenant la direction du nord-ouest à travers la plaine de Flandre, le paysage prend une allure surprenante avec l'apparition de petites buttes aux alentours d'Hazebrouck et de Bailleul : voici les monts des Flandres, offrant quelques virages et des arrêts panoramiques enchanteurs une fois au sommet. Parmi eux, Cassel se distingue, élu Village préféré des Français et des passionnés de moto locaux, offrant une vue imprenable depuis son point culminant ainsi qu'une ambiance conviviale propice à la dégustation d'une bière locale. La 3 Monts, tirant son nom des monts Cassel, Récollets et du mont des Cats, est une spécialité à ne pas manquer. Au total, une quinzaine de monts se répartissent entre la Belgique et la France, chacun offrant des routes à explorer.

En quittant Lille en direction de la Thiérache, faites un arrêt au Relais de la Cloute, niché juste derrière la frontière belge, au cœur du parc naturel Scarpe-Escaut. Ce véritable bistro motard, installé dans une ancienne clouterie, est un véritable joyau à découvrir, situé au 8 Rue de l'Elnon à Rumes, Belgique.

LE LIEU

À Seclin, à quelques kilomètres de Lille, on retrouve le village moto. La plus grande concentration en Europe de marques moto avec en plus de nombreux accessoiristes. C'est 10 concessionnaires et grandes surfaces de ventes motos, accessoires motos et équipements du motard. Et aussi des événements comme le Seclin show ou la grande braderie. On y retrouve également l'un des seuls magasins Motoblouz… N'hésitez pas à pousser jusqu'à l'immense entrepôt qui possède aussi son magasin (avec un stock incomparable).

NORD
LEWARDE

Le Centre Historique Minier de Lewarde, situé dans le nord de la France, est bien plus qu'un simple musée. C'est un hommage vivant à l'âge d'or de l'industrie minière qui a profondément marqué la région.

Implanté sur le site d'une ancienne fosse minière, le Centre Historique Minier transporte ses visiteurs dans l'univers fascinant des mineurs du passé. À travers des expositions interactives, des reconstitutions fidèles et des témoignages poignants, il raconte l'épopée des hommes et des femmes qui ont travaillé dans les entrailles de la Terre, souvent au péril de leur vie. Dès l'entrée, les visiteurs sont plongés dans l'ambiance unique des corons, ces cités minières où vivaient les mineurs et leur famille. Ils découvrent les conditions de vie souvent difficiles, mais aussi la solidarité et la fraternité qui régnaient au sein de ces communautés. Le parcours muséographique permet également de comprendre les techniques d'exploitation minière, des premières galeries creusées à la main jusqu'aux méthodes modernes utilisées aujourd'hui. Des maquettes, des outils et des machines d'époque illustrent l'évolution de ce métier exigeant et dangereux. Ainsi, le Centre Historique Minier de Lewarde est bien plus qu'un musée : c'est un lieu de mémoire, de transmission et de découverte, où le passé et le présent se rencontrent pour éclairer l'avenir.

LA ROUTE

De Lewarde prendre la direction de Cantin, puis direction par la D643 vers Bugnicourt, on passe le canal de la Sensée vers Sauchy-Cauchy, on bifurque à droite par la D939 vers Arras, où on peut s'arrêter pour la Citadelle notamment. On remonte ensuite par la D917 vers Neuville-Saint-Vaast, où on fait un crochet par Mont-Saint-Éloi, Camblain, Estrées-Cauchy et une petite boucle au-dessus de Gauchin-Légal via la D57 pour une série de virages dans les bois. Retour ensuite sur Lens et Douai par la rocade minière.

L'ÉVÉNEMENT

Le Salon de la moto de Pecquencourt est le rendez-vous annuel du plus gros moto-club du Nord. Il se tient tous les ans en avril avec des expositions, des shows FMX et de stunt ainsi qu'une énorme puces motos. Une grande fête de la moto avec toujours de belles surprises et surtout avec l'esprit du Nord.

NORD
BERGUES

Bergues, une cité flamande empreinte d'histoire et de charme, est nichée à quelques kilomètres seulement de la frontière belge, dans le nord de la France.

Cette ville, rendue célèbre par le film *Bienvenue chez les Ch'tis* de Dany Boon, est imprégnée d'une atmosphère authentique et chaleureuse. Entourée de remparts imposants, Bergues offre à ses visiteurs un voyage dans le temps à travers ses ruelles pavées et ses bâtiments historiques. Au cœur de la ville se dresse fièrement son beffroi, classé au patrimoine mondial de l'humanité, qui rythme la vie quotidienne des habitants en sonnant tous les quarts d'heure. Haut de ses 50 cloches, il annonce avec éclat les jours de marché et les festivités traditionnelles. Outre son emblématique beffroi, Bergues regorge de trésors architecturaux et de lieux à découvrir. Les vestiges de l'église abbatiale, tels que la Tour carrée et la Tour pointue, témoignent du riche passé religieux de la ville. Le Jardin public, avec ses trois kilomètres de sentiers de promenade, offre un havre de paix où il fait bon se détendre en famille. Les amoureux de la gastronomie seront également comblés à Bergues. La ville propose une palette de spécialités culinaires du nord de la France, à déguster dans ses nombreux restaurants et brasseries typiques. Ne manquez pas de goûter à la célèbre bière régionale accompagnée de fromages locaux pour une expérience gustative authentique.

LA ROUTE

Le départ se fait au pied du beffroi de Bergues, puis direction la Flandre intérieure, par la D352, vers le pittoresque moulin de Pitgam. Puis les routes D52, D7 et D226 déroulent leur tapis asphalté jusqu'à Bollezeele et la majestueuse montagne de Watten (D26), où se dresse fièrement un autre moulin emblématique. Prendre ensuite la direction de Cassel pour passer le sommet des Flandres par le versant nord-ouest, épargné des redoutables pavés. La descente est tout aussi exaltante, dévalant les pentes ensoleillées du versant sud, toujours lisses et sans pavés, avant de se lancer à l'assaut du mont des Récollets. La balade se poursuit via la D948 à travers les charmants villages de Steenvoorde et Wormhout, avant de clore ce tour en retournant à Bergues par les routes sinueuses de Wylder, West-Cappel et Rexpoëde.

L'ÉVÉNEMENT

Chaque année depuis 2004, la commune de Loon-Plage, à quelques encablures de Bergues, vit au rythme de la ronde des sables. Cette course, deuxième étape du championnat de France des sables, attire les passionnés à la fin du mois d'octobre.

PAS-DE-CALAIS
LE TOUQUET-PARIS-PLAGE

Le Touquet-Paris-Plage, souvent appelé simplement Le Touquet, est une perle de la Côte d'Opale, située sur la Manche, dans le nord de la France. Célèbre pour son élégance et son charme, cette station balnéaire attire les visiteurs depuis plus d'un siècle.

Doté d'une situation géographique privilégiée à l'embouchure de la Canche, Le Touquet bénéficie d'une plage de sable fin qui s'étend sur plusieurs kilomètres, offrant un cadre idyllique pour se détendre et profiter du littoral. Les amateurs de sports nautiques y trouveront également leur bonheur, avec une multitude d'activités telles que la voile, le char à voile et le kitesurf. Outre ses attraits balnéaires, Le Touquet séduit également par son remarquable patrimoine architectural de style anglo-normand. La station compte seize bâtiments inscrits à l'inventaire supplémentaire des monuments historiques, témoignant de son riche passé et de son héritage culturel. Depuis les années 1930, Le Touquet incarne l'élégance et le charme à la française. La station balnéaire offre une atmosphère chic et décontractée, propice à la détente et aux loisirs. Les visiteurs peuvent profiter d'une variété d'activités, allant du farniente sur la plage aux promenades à vélo à travers les dunes et les pinèdes environnantes. L'art occupe également une place de choix au Touquet, avec notamment un musée implanté au cœur de la forêt, abritant une riche collection d'œuvres d'artistes régionaux. Les amateurs d'histoire pourront également découvrir le patrimoine de la ville grâce à un « Parcours historique » permettant la visite de 31 sites remarquables, emblématiques de son histoire et de son architecture. Enfin, Le Touquet est réputé pour ses événements et ses festivités tout au long de l'année, attirant les visiteurs du monde entier.

LA ROUTE

Du Touquet, prendre la direction de Capelle via la D 143, où il faudra bifurquer par la D144 vers Sorrus, on passe Campigneulles-les-Petites en empruntant un bout de la D145 avant de descendre par la D139 vers Valloires pour y visiter ses jardins et son abbaye. Pour le retour, on peut emprunter la D192 puis la D901 via Nampont pour retomber sur Sorrus.

L'ÉVÉNEMENT

L'Enduropale se tient en tout début d'année dans la station balnéaire du Touquet et dans sa voisine de Stella (moins prisée, mais qui permet de voir le fameux holeshot). La course sur sables créée par Thierry Sabine, qui ne se déroule que sur la plage maintenant pour préserver les dunes notamment, attire plus de 150 000 spectateurs chaque année.

RUE
St LOUIS

SOMME
AMIENS

Amiens, ville chargée d'histoire et de charme, offre aux motards une escale au cœur de la région des Hauts-de-France.

Entre ses ruelles pavées et ses monuments emblématiques, cette cité révèle un patrimoine riche et une atmosphère captivante, idéale pour une escapade à moto. Dominant le paysage urbain, la majestueuse cathédrale d'Amiens se dresse fièrement, témoignant de son histoire millénaire. Cette impressionnante œuvre gothique, avec ses dimensions imposantes, est un véritable chef-d'œuvre architectural qui ne manquera pas de vous émerveiller. Pour les amateurs de littérature, une visite à la maison de Jules Verne s'impose. C'est dans cette demeure que le célèbre écrivain a vécu et puisé son inspiration. Plongez dans l'univers fantastique de ses romans à travers une collection exceptionnelle d'objets et de documents. Il faut également flâner dans le quartier pittoresque de Saint-Leu, imprégné de l'ambiance chaleureuse et authentique de la Picardie. Entre ses façades colorées, ses petits ponts et ses canaux, ce quartier offre un cadre idéal pour prendre un verre ou manger une ficelle picarde. Enfin, ne manquez pas de faire un tour au marché sur l'eau, une expérience unique où les produits frais des Hortillonnages, ainsi qu'un tour en barque de cette petite Venise du Nord. Amiens, avec son mélange d'histoire, de culture et de traditions, est une destination incontournable pour les motards en quête d'aventure et de découvertes.

LA ROUTE

Au départ d'Amiens, empruntez la D1235 en direction d'Ailly-sur-Somme. Poursuivez votre périple vers Picquigny, niché sur la rive gauche de la Somme, vestiges majestueux du château de Picquigny, où étaient emprisonnés les Templiers. Continuez votre route en direction de Hangest-sur-Somme via la D3, traversez ensuite Condé-Folie, votre itinéraire vous mènera ensuite à Longpré-les-Corps-Saints. Poursuivez ensuite en direction de Long, via la D3 et la D32. Niché au cœur des marais, Long vous charmera par la beauté de ses paysages. Continuez votre route vers Pont-Remy, via la D112 et prenez la direction d'Abbeville.

LES LIEUX

Amiens reste une terre de moto avec notamment Motoland, magasin XXL multimarque, mais aussi la marque Kenny qui est installée dans la zone industrielle avec son équipe de développement et sa base logistique. Citons également Igol, qui depuis 75 ans propose des produits pour les motards.

À 60 kilomètres d'Amiens en remontant vers le Pas-de-Calais en empruntant la route de Doullens puis Frévent, vous trouverez le circuit de Folembray avec son tracé technique au cœur de la forêt qui propose des sessions open régulièrement.

LA GALERNE

AISNE
CHÂTEAU-THIERRY

Perchée sur les rives sinueuses de la Marne, la ville de Château-Thierry s'épanouit comme un joyau au cœur de la région Champagne, en France.

C'est une ville où le passé se mêle harmonieusement au présent, où les traditions séculaires côtoient les aspirations modernes. Château-Thierry, avec son charme pittoresque et son ambiance accueillante, offre une expérience unique à ceux qui ont le privilège de la découvrir. Les rues pavées de la vieille ville serpentent entre les maisons à colombages et les bâtiments historiques, témoignant d'un riche héritage architectural. Au détour d'une rue, on découvre la majesté de l'église Saint-Crépin, dont les flèches élancées s'élèvent vers le ciel comme un appel à la contemplation. Les places animées et les marchés colorés donnent vie à la cité, offrant un aperçu de la vie quotidienne et du dynamisme de ses habitants. Bien évidemment, comment ne pas citer Jean de La Fontaine, illustre personnalité de la ville qui écrivit *Le lièvre et la tortue*, et l'adapter à la moto, où les motos les plus rapides ne sont pas toujours les premières arrivées. Le tout étant de prendre le plaisir de rouler.

LA ROUTE

Direction l'est et la route du champagne avec la D3 qui longe la Marne. Après plusieurs dizaines de kilomètres en suivant les méandres du fleuve, on bifurque par la D320 après Barzy-sur-Marne. À Dormans, il est temps de traverser la Marne et récupérer la D41. Ensuite on emprunte les petites routes avec la D20 vers la Celles-lès-Condé. On remonte ensuite vers la Marne pour récupérer le fil de l'eau toute proche par l'autre côté à Chierry puis Château-Thierry.

LE LIEU

Le circuit des Écuyers

Inauguré en 2007, le circuit des Écuyers se situe dans l'Aisne, en bordure de l'A4, à 65 km à l'ouest de Reims. Son tracé de 3 500 mètres peut être réduit en deux circuits indépendants l'un de l'autre de 2 300 et 1 200 mètres. Le grand tracé est varié, proposant des virages rapides comme des enchaînements plus lents, dans un cadre naturel apaisant, entouré de forêts. En plus de stages de pilotages, le circuit est ouvert aux roulages moto environ deux fois par mois.

AISNE
LAON

Cette ville perchée sur les hauteurs, dominant les terres de l'Aisne, est une destination chargée d'histoire.

Dominant fièrement la campagne environnante, la cathédrale Notre-Dame de Laon se dresse comme un symbole de l'architecture gothique. Avec ses deux tours imposantes et sa silhouette élancée, elle attire le regard et émerveille les visiteurs par sa beauté saisissante. À l'intérieur, les vitraux colorés et les sculptures détaillées racontent des siècles d'histoire religieuse et artistique. Mais Laon ne se résume pas à sa cathédrale. En déambulant dans les rues médiévales de la vieille ville, vous découvrirez un véritable voyage dans le temps. Les maisons à colombages, les remparts anciens et les places pittoresques témoignent du riche passé de la ville, tandis que les cafés animés et les boutiques artisanales ajoutent une touche de modernité à cette atmosphère intemporelle. Pour les amateurs d'histoire, une visite des souterrains de Laon s'impose. Ces galeries souterraines, creusées au Moyen Âge, offrent un fascinant aperçu de la vie quotidienne à l'époque médiévale et témoignent de la créativité ingénieuse des habitants de Laon. Au sommet de la colline, la vue panoramique depuis les remparts offre un spectacle à couper le souffle. Du haut de cette position stratégique, on peut contempler les étendues verdoyantes de la campagne environnante, ponctuées de villages pittoresques et de champs ondulants. On ira ensuite déguster une spécialité à base de maroilles. Un fromage fort en goût, spécialité de la Thiérache.

LA ROUTE

Dans les plaines du Vermandois, la « Montagne couronnée » s'élève au milieu du plat, et redescendant, prenez le versant sud, avec sa belle route en lacets et poursuivez sur les départementales au sud de la ville, il y a tout un tas de jolies routes sur des contreforts vallonnés. Pour continuer la balade, on prend la direction de l'est avec le lac de l'Ailette et Axo plage (une vraie plage de sable fin, si si) direction Chamouille, ça ne s'invente pas, ou à l'opposé vers l'ouest les routes qui montent.

LE LIEU

Le musée Motobécane à Saint-Quentin

À Saint-Quentin, le musée Motobécane est un incontournable pour les passionnés de deux-roues. Située près du rond-point à Rouvroy, une imposante Mobylette géante marque l'entrée et donne le ton de cette visite fascinante. C'est ici que s'est écrite une page majeure de l'industrie moto française, avec des milliers de cyclomoteurs bleus sortis de la ligne de production. Une plongée dans l'histoire de Motobécane s'impose lors d'une visite au musée Tobec'.

OISE
CHANTILLY

Au coeur de Chantilly se dresse son majestueux château, un chef-d'oeuvre de l'architecture Renaissance et classique.

Construit au XVIe siècle, ce somptueux édifice abrite l'une des plus grandes collections d'art ancien en France, ainsi que de précieux manuscrits et livres anciens conservés dans sa bibliothèque. À proximité du château se trouve le domaine de Chantilly, un vaste parc de verdure abritant le célèbre jardin à la française conçu par Le Nôtre, ainsi que le paisible jardin anglo-chinois et le magnifique Hameau de la Reine. Les visiteurs peuvent également profiter de promenades à cheval ou en calèche à travers les vastes étendues boisées du domaine. Chantilly est également réputée pour ses traditions équestres, avec le prestigieux Centre équestre de Chantilly et l'hippodrome de Chantilly, l'un des plus beaux et des plus prestigieux au monde. Chaque année, la ville accueille le célèbre Prix de Diane, une course de pur-sang qui attire les passionnés de sport équestre du monde entier. En plus de son patrimoine architectural et équestre, Chantilly offre une gastronomie raffinée et une ambiance authentique. Les visiteurs peuvent déguster les délices de la cuisine française dans les nombreux restaurants étoilés de la ville, ou flâner dans les rues pavées du centre-ville pour découvrir ses charmantes boutiques et galeries d'art. Que ce soit pour une journée d'exploration culturelle, une escapade romantique ou une aventure équestre, Chantilly offre un cadre enchanteur et intemporel, où le luxe et la tradition se mêlent harmonieusement pour offrir une expérience inoubliable.

LA ROUTE

Depuis Chantilly jusqu'à Compiègne, empruntez la pittoresque D924 via Courteuil, offrant des vues magnifiques sur la campagne environnante. Ensuite, faites un détour par Senlis en suivant la D1330, où vous pourrez explorer son centre historique préservé et admirer ses anciennes fortifications. Continuez votre périple en rejoignant la D932A à Chamant, et faites une pause détente à Verberie pour profiter de son parc nautique. Poursuivez votre route sur la D932A, qui vous mènera finalement à Compiègne, une ville chargée d'histoire. Ne manquez pas de visiter le magnifique château de Compiègne, ancienne résidence royale, et ses jardins pittoresques, mais aussi le musée national de la Voiture qui conserve une collection exceptionnelle de véhicules hippomobiles du XVIIe au début du XXe siècle, d'automobiles et de cycles, ainsi qu'un important fonds iconographique sur le thème des transports.

L'ÉVÉNEMENT

Depuis 2014, le Chantilly Arts&Elegance prend salon dans le domaine du château de Chantilly. Initié par l'organisateur d'événements automobiles français Peter Auto, en partenariat avec la prestigieuse marque horlogère suisse Richard Mille, ce concours d'élégance est devenu un rendez-vous incontournable pour les passionnés de voitures d'exception.

OISE
PIERREFONDS

Pierrefonds, un joyau pittoresque niché au cœur de la magnifique région de l'Oise en France.

Ce village, imprégné d'histoire et de charme, attire les visiteurs avec son architecture médiévale bien préservée et son ambiance tranquille. Au centre de Pierrefonds se dresse fièrement le majestueux château de Pierrefonds, une merveille architecturale du XVe siècle. Avec ses hautes tours crénelées, ses murs massifs et ses douves, le château semble tout droit sorti d'un conte de fées. Reconstruit au XIXe siècle par l'architecte Viollet-le-Duc, le château a été restauré dans un style néo-gothique spectaculaire, préservant son allure médiévale tout en intégrant des éléments de fantaisie et de romantisme. Les rues pavées de Pierrefonds invitent à la flânerie, offrant aux visiteurs l'occasion de découvrir des maisons à colombages, des boutiques artisanales et des cafés pittoresques. L'atmosphère tranquille du village, imprégnée de lenteur et de sérénité, contraste avec l'agitation de la vie moderne, offrant aux visiteurs une pause bienvenue dans leur quotidien effréné. Les environs de Pierrefonds regorgent également de trésors naturels. Les vastes forêts environnantes offrent des sentiers de randonnée pittoresques, parfaits pour les amateurs de plein air en quête d'aventure. Le lac de Pierrefonds, avec ses eaux paisibles et ses rives verdoyantes, est un lieu de détente idéal pour les promenades en famille, les pique-niques et les activités nautiques. Mais au-delà de sa beauté visuelle, Pierrefonds possède une âme véritablement authentique. Ses habitants accueillants et chaleureux sont fiers de leur patrimoine et de leur histoire, et ils sont toujours prêts à partager leurs connaissances et leur passion avec les visiteurs curieux. En somme, Pierrefonds est bien plus qu'un simple village français. On vous conseille de goûter des mâchicoulis, ce petit carré de caramel tendre au beurre salé de Normandie, enrobé d'amandes grillées.

LA ROUTE

De Pierrefonds, on prend la direction de Villers-Cotterêts via la D973 puis on bifurque vers Haramont avec la D806. On tourne ensuite vers Largny-sur-Automne et on emprunte la D32, on redescend à Malaise (sans faillir) vers le Plessis-au-Bois, on tourne à droite vers Vaumoise par a D1324, avant de remonter vers Feigneux et la D50 et ses virages serrés. On remonte par la d163 et la D33 vers Pierrefonds.

LE LIEU

À 70 kilomètres seulement, on retrouve le circuit Carole avec ses compétitions officielles, des sessions d'entraînement ou des journées de roulage libre, mais aussi et surtout un lieu de rassemblement de passionnés.

YVELINES
DAMPIERRE-EN-YVELINES

Le domaine de Dampierre-en-Yvelines, niché au cœur de la vallée de Chevreuse, incarne l'élégance intemporelle et la splendeur de l'architecture classique française.

Avec son château majestueux et ses jardins à la française impeccables, ce domaine offre une escapade raffinée dans un cadre enchanteur. Dès que l'on pénètre dans l'allée bordée d'arbres centenaires qui mène au château, on est transporté dans un monde de grâce et de sophistication. Le château de Dampierre, chef-d'œuvre de l'architecture du XVIIe siècle, se dresse fièrement, témoignant de la grandeur et du raffinement des siècles passés. Ses façades élégantes, ornées de détails délicats, invitent à la contemplation, tandis que ses intérieurs somptueux racontent l'histoire glorieuse de la noblesse française. Les jardins qui entourent le château ne sont pas en reste. Conçus par le célèbre architecte paysagiste André Le Nôtre, créateur des jardins de Versailles, ces jardins à la française sont un véritable chef-d'œuvre de symétrie et de beauté. Les parterres de fleurs colorées, les fontaines élégantes et les allées parfaitement taillées offrent un spectacle enchanteur à chaque saison, invitant les visiteurs à se promener et à se perdre dans leur beauté intemporelle. Mais le domaine de Dampierre-en-Yvelines ne se résume pas qu'à son château et à ses jardins. C'est aussi un lieu chargé d'histoire et de culture, où l'on peut découvrir de nombreuses merveilles architecturales et artistiques. Les églises romanes et les abbayes médiévales parsèment la région, témoignant de la spiritualité et de la foi qui ont marqué cette terre depuis des siècles. Les villages pittoresques, avec leurs maisons en pierre et leurs ruelles étroites, offrent un aperçu de la vie quotidienne dans la campagne française.

LA ROUTE

Au cœur du parc naturel de la Chevreuse, et du village du même nom, cette portion pittoresque offre un enchaînement de 17 virages qui sauront ravir les passionnés de conduite. Dans un cadre champêtre enchanteur, vous pourrez vous délecter de ces virages sinueux pendant près d'un quart d'heure, idéal pour vous mettre en jambes ! Compte tenu de sa courte distance, n'hésitez pas à les refaire, tout en respectant les riverains.

LE LIEU

Difficile d'être dans la vallée de Chevreuse sans passer par Coignières et ses nombreux magasins moto qui s'égrènent le long de la route principale. Toutes les marques sont représentées avec des enseignes historiques comme West Bike ou CO_2 pour ne citer qu'elles.

VAL-D'OISE
LA ROCHE-GUYON

La Roche-Guyon, une perle médiévale nichée dans les vallées verdoyantes du Vexin français, évoque un charme intemporel et une histoire riche en rebondissements.

Située à la confluence de l'Epte et de la Seine, cette petite commune offre un panorama pittoresque sur les paysages vallonnés de la région, faisant d'elle un joyau méconnu mais inestimable du patrimoine français. Dominée par son impressionnant château, La Roche-Guyon semble tout droit sortie d'un conte de fées. Les tours majestueuses et les remparts imposants témoignent du passé glorieux de cette forteresse, qui fut autrefois un bastion imprenable au cœur des guerres féodales. Mais derrière cette façade médiévale se cache une histoire encore plus fascinante, façonnée par les intrigues de la noblesse française et les bouleversements de l'histoire. Au fil des siècles, La Roche-Guyon est devenue le théâtre de nombreux événements marquants. Elle fut le fief de la puissante famille de La Rochefoucauld, dont les membres étaient réputés pour leur influence politique et leur esprit indomptable. Elle fut le refuge de la marquise de Brinvilliers, célèbre empoisonneuse de l'époque, qui y trouva asile avant d'être capturée et jugée pour ses crimes. Et elle fut le lieu de résidence de nombreux artistes et écrivains, dont le peintre Claude Monet, qui fut captivé par la beauté saisissante des paysages environnants. Aujourd'hui, la Roche-Guyon continue de séduire les visiteurs du monde entier, attirés par son charme intemporel et son ambiance paisible. Les ruelles pavées de la vieille ville invitent à la flânerie, offrant des vues imprenables sur les jardins en terrasse qui descendent jusqu'aux rives de la Seine. Les amateurs d'histoire peuvent explorer les souterrains mystérieux du château, tandis que les amoureux de la nature peuvent se perdre dans les sentiers boisés du parc régional du Vexin français.

LA ROUTE

Départ de Mantes-la-Ville en empruntant la D983, puis on récupère la D913 vers Vertheuil, où on longe la Seine, direction La Roche-Guyon et les hauteurs. On emprunte ensuite la D100 où il faudra bifurquer avant Bennecourt pour traverser la Seine au niveau de Bonnières-sur-Seine, siège de la société Bering notamment. On prend ensuite la D37 jusqu'à Lommoye avant de retourner vers le point de départ via la D110 et Ménerville puis Magnanville. Une fois de retour à Mantes, certains pousseront jusque dans la capitale.

LE LIEU

À quelques encablures ou presque de Paris, La Roche-Guyon peut être aussi l'occasion de se rendre dans la capitale pour une manifestation ou dans les magasins spécialisés de l'avenue de la Grande-Armée ou Bastille, même si depuis quelques années le stationnement est devenu compliqué.

R

ESSONNE
MONTLHÉRY

Bien que Montlhéry soit peut-être mieux connue pour son célèbre circuit automobile, cette charmante ville française regorge également de monuments et de trésors historiques qui valent le détour.

Derrière le vrombissement des moteurs et l'excitation des courses passées se cache un riche patrimoine culturel qui témoigne de l'histoire et de l'identité de la région. L'autre monument emblématique de Montlhéry est sans aucun doute son église Saint-Martin. Avec ses tours élancées et sa façade ornée de sculptures, cette église médiévale domine le paysage urbain et attire le regard des visiteurs dès leur arrivée dans la ville. À l'intérieur, les vitraux colorés, les voûtes élégantes et les fresques anciennes racontent les histoires de foi et de dévotion qui ont marqué la communauté au fil des siècles. À proximité de l'église se trouve le château de Montlhéry, une imposante forteresse qui témoigne du passé tumultueux de la région. Construit au Moyen Âge pour protéger la ville des invasions, le château est aujourd'hui un lieu chargé de mystère et de légendes. Ses tours imposantes et ses remparts impressionnants offrent une vue imprenable sur les environs, tandis que ses salles intérieures abritent des trésors architecturaux et artistiques d'une grande valeur historique. En parcourant les rues pittoresques de Montlhéry, les visiteurs peuvent également découvrir d'autres joyaux architecturaux, tels que la halle du marché, datant du XVIIIe siècle, qui témoigne de l'importance économique de la ville dans le passé. Les maisons à colombages et les bâtiments anciens, soigneusement restaurés, ajoutent à l'atmosphère médiévale et pittoresque de la ville, rappelant aux visiteurs l'époque où Montlhéry était un important centre commercial et culturel de la région.

LA ROUTE

On part de Montlhéry via Marcoussis et on remonte ensuite vers Nozay avant de bifurquer par la D35 vers Villers. On remonte ensuite vers le rond-point de la N118 pour rattraper la D35 vers Gometz-la-Ville. Direction ensuite Janvry via la D40 puis la D24 pour un retour vers Marcoussis puis Montlhéry.

LE LIEU

Le circuit de Montlhéry, et son anneau, est un véritable monument de l'esprit de vitesse qui a fêté ses 100 ans en 2024. Des courses légendaires aux records de vitesse, ce circuit a vu défiler certains des plus grands noms de l'histoire de l'automobile et de la moto, laissant une empreinte indélébile dans l'imaginaire collectif des passionnés de sport mécanique à travers le monde. Des stages et des rassemblements sont organisés régulièrement.

SEINE-ET-MARNE
PROVINS

Provins est une cité médiévale envoûtante située dans la région historique de la Brie, à environ une heure de route de Paris.

Ce trésor caché de l'Île-de-France attire les visiteurs avec ses remparts imposants, ses ruelles pavées et son atmosphère médiévale préservée. Classée au patrimoine mondial de l'Unesco, la ville de Provins est un véritable voyage dans le temps. Ses remparts majestueux, témoins de son passé glorieux en tant que centre commercial et politique au Moyen Âge, offrent une vue panoramique sur les toits de tuiles rouges et les tours médiévales qui parsèment la ville. Au cœur de Provins se trouve la place du Châtel, entourée de maisons à colombages pittoresques et de cafés animés. C'est ici que bat le cœur de la ville, où les visiteurs peuvent déguster des spécialités locales, découvrir l'artisanat traditionnel et se plonger dans l'ambiance animée des marchés hebdomadaires. Les principaux sites touristiques de Provins incluent la tour César, un vestige impressionnant du XIIe siècle qui offre une vue imprenable sur la ville et ses environs, ainsi que les souterrains de Provins, un réseau de galeries souterraines qui témoignent du passé tumultueux de la ville. Mais au-delà de son patrimoine historique, Provins est également réputée pour ses festivals et ses événements culturels. Chaque année, la ville accueille des fêtes médiévales spectaculaires, où les visiteurs peuvent assister à des tournois de chevaliers, des défilés costumés et des spectacles de rue qui transportent les spectateurs à l'époque des châteaux forts et des troubadours, et déguster une niflette, une délicieuse spécialité pâtissière subtilement aromatisée de fleur d'oranger et qui ressemble à la célèbre pasteis de nata que l'on déguste au Portugal.

LA ROUTE

De Provins, on prend la direction de Nogent-sur-Seine par la D619. On bifurque vers La Motte-Tilly et son château, puis on emprunte la D39 vers Traînel, on tourne ensuite vers Soligny-les-Étangs, et la D374 puis la D64 vers Pouy-sur-Vannes. Il est possible ensuite de repartir vers Villadin et Saint-Lupien (et pourquoi ne pas y faire un baptême en montgolfière). On reste sur la D23 pour retrouver Nogent-sur-Seine via Avon-la-Pèze.

LE LIEU

Le circuit LFG, l'un des plus récents de France, vous accueille à 80 km à l'est de Paris pour des roulages et des stages de pilotage moto. La piste est modulable en 3 différents tracés, dont le plus long, rapide et technique, développe 3 600 mètres. Pas de journées libres moto à LFG, mais de nombreux roulages et stages organisés par des partenaires. Le site conviendra à toute la famille puisqu'il englobe un panel d'activités sportives allant du pilotage moto à la pratique de l'ULM en passant par un espace « sport et bien-être » ou des terrains de paintball.

OUEST

NORMANDIE
BRETAGNE
PAYS DE LA LOIRE
NOUVELLE-AQUITAINE

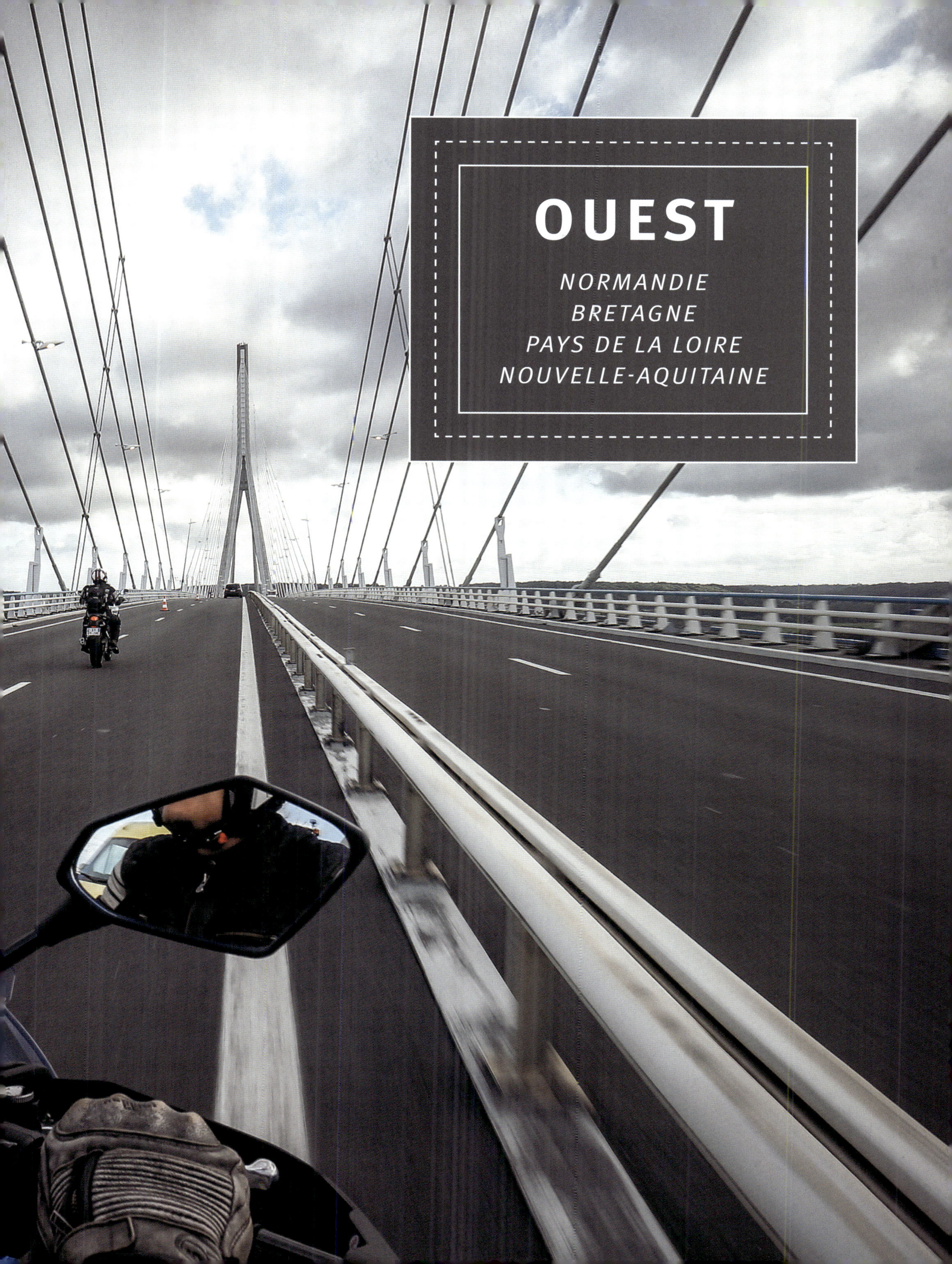

SEINE-MARITIME
VEULES-LES-ROSES

Veules-les-Roses, un trésor niché sur la côte d'Albâtre en Normandie, séduit par son charme pittoresque et son ambiance paisible.

Ce village côtier, souvent désigné comme l'un des plus beaux de France, offre un véritable havre de paix aux visiteurs en quête de détente et de beauté naturelle. Au cœur de Veules-les-Roses, la Veules, plus petit fleuve de France, serpente paisiblement entre les maisons à colombages et les chaumières fleuries. Les bateaux de pêche colorés se balancent doucement sur ses eaux, tandis que les moulins à eau traditionnels rappellent le riche passé artisanal de la région. Les promenades le long du sentier des douaniers offrent des vues spectaculaires sur la côte accidentée et les falaises de craie blanche qui plongent dans la mer. Les amateurs de nature apprécieront également les jardins luxuriants et les parcs fleuris qui parsèment le village, offrant des oasis de calme et de verdure. Veules-les-Roses est également réputée pour ses plages de sable fin, idéales pour se détendre au soleil, se promener en famille ou pratiquer des activités nautiques. Les falaises environnantes abritent de nombreuses criques cachées et des grottes marines à explorer lors des marées basses. Le village ne manque pas non plus de charme architectural, avec ses maisons à colombages colorées, ses ruelles pavées et ses petits commerces artisanaux. Les cafés et les restaurants offrent une cuisine régionale authentique, mettant en valeur les délices de la mer et les produits du terroir normand.

LA ROUTE

Après Dieppe, direction la course de côte de Pourville-sur-Mer (5 virages bien revêtus avec du dénivelé) surplombant la mer. Il faut ensuite suivre toutes les communes situées en bord de mer pour rester sur l'itinéraire le plus agréable et dépaysant : Varengeville, Quiberville... jusqu'à Veules-Les-Roses (magnifique au printemps), puis Saint-Valery-en-Caux. Veulettes-sur-Mer juste à côté permet de s'approcher près de la Manche qui prend ici des teintes turquoise assez inhabituelles.

De Veulettes-sur-Mer, mieux vaut rester sur « La route de Fécamp » pour profiter d'un trajet qui vous fera quitter la mer des yeux pour vous enfoncer dans le bocage normand.

LA MARQUE

Godet Motorcycle

Le charme des anglaises d'antan, la rigueur suisse avec le savoir-faire français. Voilà l'attelage étonnant que proposent les motos Egli-Vincent-Godet qui sont produites avec les recettes d'avant mais les solutions de maintenant dans l'atelier de Malaunay, à proximité de Rouen. Entre restauration et production de motos à la carte, la marque, qui appartient au chanteur et passionné de mécanique Florent Pagny, poursuit sa formidable aventure.

CALVADOS
BEUVRON-EN-AUGE

Niché au cœur du pays d'Auge en Normandie, Beuvron-en-Auge éblouit par son charme pittoresque et son architecture préservée.

Ce village, classé parmi les « Plus Beaux Villages de France », enchante les visiteurs par son atmosphère médiévale et son ambiance authentique. Les rues étroites pavées, bordées de maisons à colombages fleuries, transportent les promeneurs dans un véritable voyage dans le temps. Chaque coin de rue révèle une nouvelle surprise architecturale, témoignant du riche héritage historique de Beuvron-en-Auge. Au cœur du village, l'église Saint-Martin, datant du XIe siècle, se dresse majestueusement, offrant un point de repère emblématique et une ambiance sereine pour les visiteurs en quête de spiritualité ou de contemplation. Les commerces traditionnels, proposant des produits du terroir et des spécialités normandes, invitent les visiteurs à découvrir les saveurs authentiques de la région. Les fromages AOP, le cidre artisanal et les délices sucrés tels que les caramels au beurre salé sont autant de trésors gustatifs à déguster lors d'une pause gourmande. Les paysages environnants, vallonnés et verdoyants, invitent à l'évasion et à la découverte de la campagne normande. Les randonneurs trouveront leur bonheur sur les chemins balisés, tandis que les amateurs de tranquillité pourront se ressourcer au bord de la rivière qui traverse le village. Beuvron-en-Auge incarne ainsi l'essence même du charme normand, un lieu où l'histoire, la gastronomie et la nature se rejoignent pour offrir une expérience inoubliable à tous ceux qui ont le privilège de le découvrir.

LA ROUTE

C'est parti pour la route du cidre avec comme point de départ Beuvron-sur-Auge. On emprunte la D49 puis la D16 vers Rumesnil. On tourne ensuite vers la droite par la D85 via Cambremer avant de récupérer la D50 puis la D151 vers Saint-Ouen-le-Pin avant de remonter par la D59 vers le château de La Roque-Baignard. À Bonnebosq, on prend la direction d'Auvillars puis Repentigny pour arriver à Beaufour-Druval.

L'ÉVÉNEMENT

L'iconique Normandy Beach Race se déroule à la fin du mois de septembre. Cet événement unique se déroule sur la plage de Sword Beach à Ouistreham et offre un spectacle rare évoquant les rendez-vous mécaniques prisés des jeunes Américains dans les années 1940-1950.

CALVADOS
HONFLEUR

Nichée sur les rives de l'estuaire de la Seine, Honfleur charme les visiteurs par son atmosphère pittoresque, ses maisons à colombages et son port animé.

Cette perle de la Normandie, immortalisée par les impressionnistes, séduit par sa lumière unique et ses paysages enchanteurs. Au cœur de la vieille ville, les ruelles pavées invitent à la flânerie, révélant des trésors architecturaux comme l'église Sainte-Catherine, l'une des plus grandes églises en bois de France, ainsi que des galeries d'art, des boutiques artisanales et des cafés animés. Les façades colorées des maisons à colombages ajoutent une touche de charme et d'authenticité à ce décor médiéval. Le Vieux Bassin, célèbre pour ses quais bordés de maisons pittoresques, est le cœur battant de la ville. On y trouve une ambiance animée avec ses restaurants de fruits de mer, ses terrasses ensoleillées et ses bateaux de pêcheurs qui se balancent au gré des marées. C'est aussi un lieu de rencontre pour les artistes et les amateurs d'art, qui trouvent ici une source d'inspiration inépuisable. Honfleur est également réputée pour sa gastronomie raffinée, avec ses restaurants étoilés et ses spécialités culinaires telles que les fruits de mer frais, le cidre artisanal et le calvados. Les marchés locaux regorgent de produits du terroir à déguster et à ramener en souvenir. Les environs de Honfleur offrent également de magnifiques paysages à explorer, des falaises de craie de la côte d'Albâtre aux plages de sable fin de Deauville. Les amateurs de nature trouveront leur bonheur dans le parc naturel régional des Boucles de la Seine normande, où les sentiers de randonnée offrent des vues spectaculaires sur la vallée de la Seine.

LA ROUTE

Après une escale autour des bassins de Honfleur, la pause « carte postale » au même titre que Étretat par exemple, prenez la direction de La Rivière-Saint-Sauveur, puis Boulleville et Foulbec, jusqu'à Saint-Thurien, Tocqueville et La Mailleraye-sur-Seine, et sans vous en rendre compte vous traverserez le Marais-Vernier, l'occasion de changer de décor encore une fois. Suivez Jumièges et embarquez à bord du bac pour traverser la Seine. Une fois débarqué, la Seine vous accompagnera sur votre droite jusqu'au Mesnil-sous-Jumièges et Yville-sur-Seine. Direction La Bouille pour rejoindre Moulineaux et la commune d'Orival. Ce sera l'occasion de passer à proximité du château de Robert le Diable (restauré) et d'emprunter la D64. Ensuite la D938 vous guidera vers les Essarts, qui fut un circuit routier dédié aux courses automobiles et motos entre 1950 et 1994, dont il ne reste plus de traces. La D64 jusqu'à Orival constitue une ex spéciale du Moto Tour. Le tracé est sinueux, en forêt et peu emprunté. Attention à l'humidité présente jusque tard dans la journée.

L'ÉVÉNEMENT

Les puces motospièces de la banlieue rouennaise sont devenues un événement incontournable pour les motards de la région et des alentours. 600 exposants et 35 000 visiteurs qui partagent leur passion de la chine et de l'échange autour de la moto deux fois par an. Véhicules d'occasion, pièces de machines anciennes ou récentes, équipements, goodies ou tout autre objet collector, on peut y trouver tout ou presque. Dès 6 h, les premiers passionnés débarquent pour trouver les pièces rares.

ORNE
BAGNOLES-DE-L'ORNE

Bagnoles-de-l'Orne, joyau niché au cœur de la forêt d'Andaine en Normandie, est une invitation à la détente et au bien-être.

Cette station thermale réputée, baignée par les eaux bienfaisantes de la rivière l'Orne, séduit depuis des décennies par son atmosphère paisible et son cadre naturel préservé. Au cœur du village, les bâtiments Belle Époque et Art déco rappellent l'élégance d'une époque révolue. Les façades colorées des villas et des hôtels témoignent du riche passé de la station thermale, où l'aristocratie française venait se ressourcer et profiter des bienfaits des eaux thermales. Les thermes de Bagnoles-de-l'Orne sont une véritable oasis de relaxation, offrant une gamme complète de soins thermaux et de bien-être. Les eaux minérales, réputées pour leurs propriétés curatives, sont utilisées dans des traitements variés pour apaiser les maux et revitaliser le corps et l'esprit. Mais Bagnoles-de-l'Orne ne se résume pas à ses thermes. Les amoureux de la nature trouveront leur bonheur dans les vastes étendues boisées qui entourent le village. Le lac de Bagnoles, au cœur du village, est un lieu de détente privilégié pour les visiteurs et les habitants avec ses berges aménagées. En été, la plage de sable fin est un lieu de rendez-vous apprécié. Bagnoles-de-l'Orne est également une destination gourmande, avec ses restaurants gastronomiques proposant une cuisine raffinée mettant en valeur les produits du terroir normand. Les terrasses ensoleillées et les cafés animés sont des lieux de rencontre privilégiés pour déguster un verre de cidre ou une spécialité locale.

LA ROUTE

De Bagnoles-de-l'Orne, on prend la D53, direction la Ferté-Macé pour éventuellement passer à proximité de l'usine Bagster puis on prend la direction de Joué-du-Bois par la D908 jusqu'à Carrouges au cœur du parc naturel régional et Géoparc mondial Unesco Normandie-Maine.

Retour par la D16 puis la D3 vers Lignières-Orgères. On peut s'arrêter faire une photo aux célèbres roches d'Orgères. Puis direction Magny-le-désert où on récupère la D270 puis la D20 pour revenir à Bagnoles.

LA MARQUE

Au fin fond du bocage normand, une poignée d'irréductibles perpétuent une tradition vieille de plus de 30 ans dans la personnalisation des selles et la protection des réservoirs. Sur les terres de la Ferté-Macé, dans le bocage normand, à proximité directe de la matière première : le cuir de vache, l'usine Bagster perpétue un côté artisanal revendiqué et assumé, avec un process calibré, optimisé pour sortir plus de 15 000 pièces par an dont un tiers sur mesure dans la selle réalisée par une quarantaine d'ouvriers.

MANCHE
ÉTRETAT

Étretat, joyau de la côte normande, évoque instantanément des falaises majestueuses, des plages de galets et une atmosphère envoûtante.

Cette petite ville côtière, nichée entre Le Havre et Fécamp, attire les visiteurs du monde entier avec son paysage spectaculaire et son charme intemporel. Au cœur d'Étretat se dresse la silhouette imposante des falaises de craie, taillées par les caprices de la mer et du vent. Ces formations naturelles, parmi les plus célèbres de France, offrent un spectacle à couper le souffle. L'Arche et l'Aiguille, icônes emblématiques d'Étretat, se dressent comme des gardiennes immuables de la côte normande, offrant des vues panoramiques saisissantes depuis leurs sommets. Mais Étretat ne se résume pas seulement à ses falaises remarquables. La ville elle-même regorge de charme et d'histoire avec notamment Arsène Lupin, avec ses rues pavées, ses maisons à colombages et ses petits commerces pittoresques. Flâner dans les ruelles étroites d'Étretat, c'est remonter le temps et découvrir un patrimoine architectural riche, témoignant du passé prestigieux de la ville. Les plages d'Étretat sont également des lieux de détente prisés par les visiteurs et les habitants. La plage de galets, bordée par les falaises majestueuses, invite à la contemplation et à la sérénité. Avant d'aller déguster quelques fruits de mer dans l'un des restaurants de la ville.

LA ROUTE

À Étretat, c'est l'occasion d'immortaliser votre passage en prenant en photo votre moto dans un cadre idyllique. Mieux que le front de mer, optez pour prendre de la hauteur et vous diriger vers la partie nord de la ville. Rejoignez alors la chapelle située au sommet et les nouveaux jardins d'Étretat. Près de la chapelle, il est facile de poser sa moto sur l'herbe quelques instants pour l'immortaliser avec la célèbre Aiguille creuse d'Arsène Lupin en arrière-plan. Ensuite on prendra la D11 vers Yport puis la D11 vers Fécamp pour quelques virages bien sympathiques.

L'ÉVÉNEMENT

Au mois de septembre se tient au parc expo de Rouen le salon Auto-Moto rétro. Un événement majeur pour la région où se rassemblent les passionnés de belles mécaniques. Le reste de l'année, on se dirigera vers Saint-Jean-du-Cardonnay et le village moto où les marques réalisent de nombreuses animations tout au long de l'année. Et comment ne pas parler de l'emblématique Alain Cottard, concessionnaire, pilote et légende locale.

MANCHE
LE NEZ DE JOBOURG

Le Nez de Jobourg, majestueux promontoire de la côte normande, s'érige tel un gardien impassible face aux assauts de l'océan.

Situé sur la commune de Jobourg, dans la Manche, ce cap impressionnant offre un spectacle naturel à couper le souffle, où la terre et la mer se rencontrent dans un ballet incessant. Dominant les flots tumultueux de la Manche, le Nez de Jobourg s'étire fièrement vers le ciel, ses falaises abruptes plongeant vertigineusement dans les eaux tumultueuses. Les roches, sculptées par le vent et les vagues, témoignent de la puissance implacable de la nature, offrant un décor sauvage et spectaculaire. Pour ceux qui osent s'aventurer sur ses sentiers escarpés, le Nez de Jobourg réserve des panoramas à couper le souffle. À perte de vue, l'horizon se perd dans l'immensité de l'océan, ponctué çà et là par les voiles blanches des navires en navigation. Les falaises de craie, striées de nuances ocre et grises, offrent un spectacle de couleurs changeantes au gré des caprices du ciel. Mais le Nez de Jobourg, ce n'est pas seulement un paysage à contempler, c'est aussi un lieu chargé d'histoire et de légendes. Les ruines de l'ancien fort de Jobourg, érigé par les Allemands pendant la Seconde Guerre mondiale, rappellent avec gravité les heures sombres du passé. Les anciens racontent que ce promontoire était autrefois un repaire de pirates, qui guettaient les navires de passage pour les piller. Aujourd'hui, le Nez de Jobourg est un havre de paix pour les amoureux de la nature. Les promeneurs viennent s'y ressourcer, se laissant bercer par le chant des mouettes et le bruit des vagues. Les photographes, quant à eux, trouvent ici une source inépuisable d'inspiration, capturant la beauté sauvage de ce bout de terre normande. En toutes saisons, le Nez de Jobourg exerce une fascination irrésistible. Au printemps, les falaises se parent de tapis de fleurs sauvages, offrant un spectacle multicolore à ceux qui osent s'aventurer sur les chemins escarpés. En hiver, lorsque les tempêtes font rage, c'est un tout autre visage que dévoile le promontoire, celui d'une nature brute et indomptable.

LA ROUTE

On part de Cherbourg en prenant la direction de Querqueville puis on enchaîne par la D45 jusqu'à Auderville via Ormonville-La-Rogue, et Anse Saint-Martin. La route touristique des caps entre mer et bocage vous transporte avec des airs d'Irlande. On redescend ensuite vers le Hameau Samson via la D401 pour se poser et ensuite prendre les sentiers pour rejoindre le Nez de Jobourg.

L'ÉVÉNEMENT

L'Enduro de la Hague est une manche du championnat de Normandie d'Enduro. Il se tient à Vasteville au sud-ouest de Cherbourg au tout début du mois de septembre. Une course sympathique dans un cadre bucolique.

ILLE-ET-VILAINE
SAINT-MALO

Située en Bretagne, Saint-Malo est une ville au passé riche et tumultueux, très prisée des visiteurs pour y découvrir tous ses charmes.

Fondée au VIe siècle par un moine gallois, Saint-Malo doit son nom à saint Maclou, ou Maclaw, l'un des sept saints fondateurs de la Bretagne. Au Moyen Âge, la ville devient une cité corsaire redoutée, grâce à ses marins audacieux qui défendent férocement ses intérêts et s'enrichissent par la piraterie. Les célèbres corsaires comme Surcouf et Duguay-Trouin font la renommée de Saint-Malo, contribuant à sa richesse et à son indépendance, au point que la ville se déclare « République » au XVIe siècle. Lors de la Seconde Guerre mondiale, Saint-Malo subit de lourds bombardements, mais est ensuite reconstruite dans le respect de son architecture historique. Aujourd'hui, la ville attire de nombreux visiteurs pour son patrimoine maritime et son ambiance médiévale. Saint-Malo regorge de sites fascinants à découvrir. La Cité Corsaire, avec ses remparts impressionnants, offre une vue imprenable sur la mer et la vieille ville. Une promenade sur ces remparts permet d'apprécier la beauté de la côte et de la ville fortifiée. L'Intra-Muros, cœur historique de Saint-Malo, séduit par ses rues pavées, ses maisons anciennes et ses boutiques artisanales. La cathédrale Saint-Vincent, édifice majeur de l'Intra-Muros, est un témoignage vivant de l'histoire de la ville avec ses vitraux et son architecture gothique. Le Fort National, construit par Vauban en 1689, est un autre site incontournable. Accessible à marée basse, il offre une plongée dans l'histoire militaire de la ville. Les amateurs d'histoire maritime ne manqueront pas le musée d'Histoire de la Ville et du Pays Malouin, situé dans le château de Saint-Malo, qui retrace l'évolution de la ville et de ses corsaires. La tour Solidor, située à l'embouchure de la Rance, est également un point d'intérêt, abritant le musée international du Long-Cours Cap-Hornier. Les spécialités culinaires de Saint-Malo sont un régal pour les gourmets. Les fruits de mer, frais et savoureux, sont à l'honneur dans de nombreux restaurants. Les huîtres de Cancale, toutes proches, sont un incontournable. Les crêpes et galettes bretonnes, le kouign-amann ou le cidre breton, sans oublier l'hydromel, accompagneront vos repas.

LA ROUTE

Plus qu'une route, une belle balade avec au départ de Saint-Malo la direction de Cancale pour y manger quelques huîtres par la route du bord de mer. On descend ensuite vers Saint-Benoît-des-Ondes puis Pontorson à proximité du Mont-Saint-Michel puis direction Combourg, Meillac, Saint-Pierre-de-Plesguen et on remonte vers Châteauneuf-d'Ille-et-Vilaine avant de rentrer sur Saint-Malo.

LE LIEU

Situé en Ille-et-Vilaine, à une centaine de kilomètres de Lohéac, le manoir de l'automobile regorge de trésors pour les passionnés de belles mécaniques avec notamment certaines voitures de rallyes mais aussi et surtout des Formule 1. Plus de 400 modèles, avec aussi quelques perles de véhicules hippomobiles. Créé par Michel Hommel qui sera aussi à la tête du magazine *Échappement* allant même jusqu'à lancer sa propre voiture : la berlinette échappement. Mais Lohéac dispose également d'un circuit attenant qui accueille une fois par an le championnat de France de Supermotard.

CÔTES-D'ARMOR
PERROS-GUIREC

Perros-Guirec, située sur la côte de Granit rose en Bretagne, a gardé tout son charme avec ses maisons atypiques et ses plages magnifiques.

Le nom « Perros » vient du breton « Pen » (tête) et « Ros » (colline), indiquant sa position géographique. « Guirec » fait référence à saint Guirec, un moine gallois du VIIe siècle qui aurait évangélisé la région. Bien que des traces d'occupation humaine datent de l'âge du bronze, c'est au Moyen Âge que la ville commence à prospérer grâce à la pêche et au commerce maritime. Au XIXe siècle, Perros-Guirec se transforme en station balnéaire prisée par les familles aisées et les artistes, attirés par ses paysages pittoresques et son air marin revigorant. La ville se développe alors, avec la construction de somptueuses villas et d'infrastructures touristiques. Perros-Guirec est réputée pour ses magnifiques plages de sable fin, notamment la plage de Trestraou et celle de Trestrignel soulignée par la côte de Granit rose, avec ses formations rocheuses spectaculaires sculptées par les éléments, qui offre des panoramas uniques. Les couleurs changeantes des rochers au coucher du soleil sont un spectacle à ne pas manquer. Le Sentier des Douaniers (GR34) est parfait pour les amateurs de randonnée. Il serpente le long de la côte, offrant des vues imprenables sur les îles et les rochers roses. Le parcours entre Perros-Guirec et Ploumanac'h, élu « Village préféré des Français » en 2015, est particulièrement recommandé. L'archipel des Sept-Îles, situé au large de Perros-Guirec, est une réserve naturelle abritant une incroyable diversité d'oiseaux marins, dont le célèbre macareux moine. Des excursions en bateau permettent d'approcher les îles et d'observer les oiseaux dans leur habitat naturel. L'église Saint-Jacques, datant du XIIe siècle, est un exemple remarquable de l'architecture romane bretonne, tandis que la chapelle Notre-Dame de la Clarté, construite au XVIIe siècle, est un lieu de pèlerinage réputé offrant une vue imprenable sur la côte. Grâce à sa proximité avec l'océan, huîtres, moules, coquilles Saint-Jacques, et autres crustacés sont à déguster absolument. Outre les fruits de mer frais, des plats traditionnels comme la cotriade, une soupe de poisson bretonne, vous attendent. Les crêperies de Perros-Guirec servent également des galettes de sarrasin garnies de diverses garnitures, des plus classiques comme jambon-fromage aux plus sophistiquées comme le saumon fumé. Les crêpes sucrées, souvent accompagnées de caramel au beurre salé, sont également incontournables. Le cidre breton, boisson traditionnelle, est souvent servi avec les crêpes et les galettes, et le chouchen.

LA ROUTE

Sur des routes plus propices à la balade bucolique pour digérer les galettes, on peut prendre la direction de Lannion puis la D786 vers Saint-Michel-en-Grève. Une fois à Saint-Efflam, on laissera la côte pour rentrer dans les terres vers Plestin-les-Grèves puis Plouégat-Guérand et Plouigneau. On prendra ensuite la direction vers Le Ponthou et Plounérin par la D11, on remonte ensuite sur Lannion et Perros-Guirec.

L'ÉVÉNEMENT

Organisé à l'atelier attenant de Lannion, depuis plusieurs années maintenant, le Kraken Festival se tient lors de l'avant-dernier week-end de mai.
Au programme : belles mécaniques, musique, tatouages, avec des centaines de motos exposées, mais aussi des voitures anciennes où l'on célèbre la Kustom culture dans une ambiance festive et sympathique.

FINISTÈRE
DOUARNENEZ

Située dans le Finistère, cette ville bretonne a su conserver son authenticité avec un charme breton.

Dès qu'on pose le regard sur Douarnenez, l'océan nous accueille avec ses bras grands ouverts. Les bateaux de pêche colorés se balancent doucement sur les eaux, témoignant du lien étroit entre la ville et la mer. C'est dans ce port que bat le cœur de Douarnenez, rythmé par le va-et-vient des marins et des visiteurs. Mais Douarnenez, ce n'est pas seulement un port de pêche. C'est aussi une ville chargée d'histoire, où les vestiges du passé se mêlent à la vie contemporaine. Les ruelles pavées invitent à la flânerie, révélant à chaque coin de rue des trésors architecturaux et des anecdotes surprenantes. Le quartier du Rosmeur, avec ses maisons de pêcheurs aux façades colorées, est un véritable bijou où le temps semble s'être arrêté. La culture bretonne est omniprésente à Douarnenez. Chaque été, la ville s'anime au son des festoù-noz, ces fameux fest-noz bretons où l'on danse au rythme envoûtant des violons et des bombardes. Les festivals de musique et de cinéma rythment également la vie culturelle de la ville, attirant des visiteurs du monde entier. Et puis, il y a la gastronomie. À Douarnenez, les produits de la mer sont à l'honneur. Les poissons fraîchement pêchés, les crustacés savoureux et les délicieuses spécialités bretonnes régalent les papilles des gourmets les plus exigeants. Sans oublier le cidre et le chouchen, ces boissons traditionnelles qui accompagnent à merveille un bon repas entre amis.

LA ROUTE

Située entre Brest au nord et Douarnenez au sud, la presqu'île de Crozon regorge de paysages superbes et de petites routes sympathiques. Cette langue de terre fait partie du parc d'Armorique, vallonné de ses fameux monts d'Arrée, au sommet desquels (384 m !) les panoramas sur les environs sont grandioses. Partez de bon matin de Quimper par la D765 en direction de Douarnenez. Restez sur cette départementale jusqu'à Pont-Croix, puis empruntez la D784 pour faire le tour de la presqu'île.

L'ÉVÉNEMENT

« Penn ar bed », le pardon des motards, se déroule à la fin du mois de juin, sur l'esplanade de la tour Vauban, à Camaret-sur-Mer (Finistère). Une célébration chrétienne qui n'oublie pas de souligner que les motards savent mesurer le prix de la vie et font preuve de solidarité.

FINISTÈRE
POINTE DU RAZ

La pointe du Raz, majestueuse sentinelle de granit, s'avance fièrement vers l'océan Atlantique, marquant la limite occidentale de la Bretagne.

C'est un lieu où la terre semble toucher le ciel, où les éléments se déchaînent avec une force inouïe, créant un spectacle naturel d'une beauté saisissante. Perchée à l'extrémité de la presqu'île de Crozon, la pointe du Raz offre un panorama à couper le souffle. À perte de vue, l'océan déroule son manteau d'azur, ponctué çà et là par les îles mystérieuses de Sein et d'Ouessant. Les falaises abruptes, taillées par le vent et les vagues, se dressent telles des murailles infranchissables, témoignant de la puissance implacable de la nature. En ce lieu mythique, le temps semble suspendu. Les légendes celtiques murmurent à travers les brumes matinales, évoquant des histoires de korrigans et de sirènes. Les anciens disent que la pointe du Raz est le dernier rempart de la terre bretonne, un lieu sacré où les éléments se rencontrent dans un ballet incessant. Les visiteurs viennent du monde entier pour contempler ce spectacle grandiose. Certains viennent chercher la quiétude, se laissant bercer par le chant des mouettes et le bruit des vagues. D'autres viennent défier les éléments, bravant le vent et les embruns pour s'approcher au plus près de ce bout du monde. Mais la pointe du Raz est aussi un lieu de recueillement. Le phare, dressé tel un gardien solitaire, veille sur les marins en détresse et guide les navires à bon port. À ses pieds, le cimetière des naufragés rappelle avec gravité les dangers de la mer, tandis que la chapelle dédiée à Notre-Dame des Naufragés offre un havre de paix aux âmes en peine. En toutes saisons, la pointe du Raz exerce une fascination irrésistible. Au printemps, les landes se parent de fleurs sauvages, offrant un spectacle multicolore à ceux qui osent s'aventurer sur les chemins escarpés. En hiver, lorsque les tempêtes font rage, c'est un tout autre visage que dévoile la pointe, celui d'une nature sauvage et indomptable.

LA ROUTE

Dans cette seconde destination dans la région, direction la fameuse pointe du Raz ou celle de Pen Hir en prenant le chemin de Châteaulin par la D107, puis Crozon par la D887. Enfin, poussez jusqu'à Camaret par la D8. Pour le retour, faites un crochet par Le Faou par la D791 et enfin retour à Douarnenez par la D63 via Crozon.

L'ÉVÉNEMENT

À quelques encablures de la pointe du Raz et de Quimper, au mois d'avril se tient une manche du championnat de France de trial à Plonéour-Lanvern. Ce trial bigouden réunit les spécialistes de la discipline locaux pour franchir sûrement quelques menhirs.

MORBIHAN
LIZIO

On aime venir oublier le temps dans ce petit village breton, où le bleu des hortensias côtoie le gris du granit.

Ancien relais sur le chemin de Saint-Jacques-de-Compostelle, Lizio est un petit village pittoresque du Morbihan en Bretagne, et une destination qui charme par son authenticité et son histoire riche. Niché dans la campagne bretonne, Lizio est un lieu où le temps semble s'être arrêté, offrant une atmosphère paisible et bucolique. L'histoire de Lizio remonte à l'époque médiévale, et son patrimoine est marqué par des vestiges qui témoignent de son passé. Parmi ces témoignages historiques, on trouve l'église Saint-Jean-Baptiste, datant du XIIe siècle, qui est un bel exemple de l'architecture religieuse bretonne. Restaurée au fil des siècles, elle conserve des éléments romans et gothiques, et abrite des statues en bois polychrome qui attirent les amateurs d'art sacré. Parmi les lieux à voir à Lizio, le musée du Poète Ferrailleur est sans doute le plus emblématique. Ce musée insolite, créé par Robert Coudray, est un univers fantastique où sculptures animées, machines poétiques et installations artistiques se mêlent pour émerveiller petits et grands. Le musée est une invitation à la rêverie et à l'émerveillement, offrant une expérience unique en son genre. Non loin de là, le village miniature de l'Art dans les Chapelles est une autre attraction qui mérite le détour. Cette exposition à ciel ouvert présente des œuvres contemporaines installées dans des chapelles rurales, créant un dialogue entre l'art moderne et le patrimoine historique. Les amateurs de nature apprécieront également les nombreux sentiers de randonnée qui sillonnent les environs de Lizio. Les chemins balisés permettent de découvrir les paysages vallonnés de la campagne morbihannaise, avec ses bocages, ses forêts et ses rivières. Ces promenades offrent une immersion totale dans la nature bretonne, propice à la détente et à la contemplation. En matière de spécialités locales, Lizio et ses environs ne manquent pas de délices gastronomiques. Le kouign-amann, ce fameux gâteau breton au beurre et au sucre, est une véritable institution en Bretagne, et Lizio ne fait pas exception. Les galettes et crêpes bretonnes, servies avec du cidre local, sont également incontournables.

LA ROUTE

Au départ de Lizio, on emprunte la D4 pour s'enfoncer dans les terres du Morbihan avec la direction vers Le-Roc-Saint-André, La Chapelle-Caro avec la D166, la D8 puis la D776 qui nous amène à Réminiac. On reste sur cette route jusqu'à Guer que l'on contourne pour récupérer la D772 qui nous fera passer par Porcaro (voir ci-dessous la Madone des Motards). Une fois arrivé à Ploërmel, on descend vers Quily par la D774 qui nous ramène à Lizio. Des petites routes très sympas, où il conviendra de faire attention tout de même à l'état.

L'ÉVÉNEMENT

La Madone des Motards, événement emblématique qui se déroule chaque année à Porcaro, dans le Morbihan, est un pèlerinage unique dédié aux passionnés de moto. Initiée en 1979 par l'abbé Prévoteau, cette manifestation rassemble des milliers de motards venus de toute la France et même de l'étranger. Le week-end du 15 août, les rues de Porcaro s'animent avec des parades de motos, des bénédictions de motards et des messes en plein air.

LOIRE-ATLANTIQUE
NANTES

Nantes, ancienne capitale des ducs de Bretagne, est une ville dynamique située sur les rives de la Loire.

Son histoire riche se reflète dans des sites emblématiques tels que le château des ducs de Bretagne, un imposant édifice médiéval qui abrite aujourd'hui un musée retraçant l'histoire de la ville et de la région. Les visiteurs peuvent également explorer Les Machines de l'Île, une attraction unique mêlant art et ingénierie avec des créations monumentales inspirées des mondes de Jules Verne et de Léonard de Vinci, dont le célèbre Grand Éléphant mécanique qui offre des promenades inoubliables. La cathédrale Saint-Pierre-et-Saint-Paul, avec ses magnifiques vitraux, son architecture gothique imposante et son atmosphère solennelle, est un autre incontournable, tout comme le passage Pommeraye, une galerie marchande du XIXᵉ siècle au charme rétro. Pour une pause gourmande, ne manquez pas de goûter aux spécialités locales comme le beurre blanc, une sauce onctueuse à base de beurre, d'échalotes et de vinaigre qui accompagne parfaitement les poissons de la Loire. Le célèbre gâteau nantais, un dessert moelleux parfumé au rhum et aux amandes, est un délice à ne pas manquer. Le marché de Talensac, le plus grand marché de Nantes, offre une immersion dans la gastronomie locale, avec ses étals colorés regorgeant de produits frais et régionaux comme les fruits de mer, les fromages et les vins de la région. Nantes est également connue pour ses espaces verts, tels que le Jardin des Plantes, un jardin botanique centenaire, et l'Île de Versailles, un parc japonais sur la rivière Erdre. En parcourant les rues animées du quartier Bouffay, avec ses bars, ses restaurants et ses boutiques, vous découvrirez une ville où passé et modernité se rencontrent harmonieusement, offrant une expérience culturelle et culinaire inoubliable.

LA ROUTE

Direction Orvault puis La Pâquelais, et Notre-Dame-des-Landes, on bifurque vers Héric et le Bois Sicard où on récupère la D164 jusqu'à Nort-sur-Erdre. On emprunte ensuite la D26 puis la D69 vers Sucé-sur-Erdre puis un retour sur Nantes. La région n'est pas forcément la plus sinueuse de France, mais les paysages sont également agréables.

LE LIEU

Situé à Orvault, le Village Motos rassemble l'ensemble des concessionnaires des différentes marques motos en France. Véritable village à ciel ouvert, les motards y trouveront un lieu de rassemblement avec les nombreuses animations régulières, les portes ouvertes et autres animations avec des pilotes notamment. Un lieu incontournable pour les passionnés de la région.

MAINE-ET-LOIRE
ANGERS

Angers, située dans la région des Pays de la Loire, est une ville riche en histoire et en culture. Elle offre de nombreux lieux à voir ainsi que des spécialités locales à déguster.

Le château d'Angers est l'un des sites les plus emblématiques de la ville. Cet imposant château médiéval, avec ses tours massives et son jardin paisible, abrite l'extraordinaire tenture de l'Apocalypse, une tapisserie médiévale exceptionnelle. Le centre-ville d'Angers est animé par de charmantes rues pavées, bordées de maisons à colombages et de boutiques variées. La place du Ralliement est un lieu de rencontre populaire, entourée de théâtres et de cafés. La cathédrale Saint-Maurice, avec ses superbes vitraux et sa façade imposante, est un autre lieu incontournable d'Angers. Elle offre un aperçu de l'architecture gothique et est un lieu de culte majeur de la ville. Les jardins botaniques, comme le Jardin des Plantes, offrent un havre de paix avec leurs espèces variées de plantes, arbres et fleurs. C'est un endroit idéal pour se promener et se détendre. En matière de gastronomie, Angers est célèbre pour ses spécialités locales. Le coteaux-du-Layon, un vin blanc moelleux, est un incontournable à déguster. La ville est également réputée pour son quarts-de-chaume, un autre vin blanc de la région. Les gourmands apprécieront les quernons d'ardoise, des pralines au chocolat bleu rappelant la couleur de l'ardoise, typique de la région. Les rillauds, des morceaux de porc frits, sont une autre spécialité locale à découvrir.

LA ROUTE

Au départ d'Angers, direction les bords de Loire par la D952 jusqu'aux Rosiers-sur-Loire où il est temps de traverser le fleuve pour s'enfoncer dans la campagne angevine. En prenant la D751 jusqu'au Carrefour de la Justice on remonte par la D128 vers Blaison avant de bifurquer par la D132 puis la D751 et à nouveau la D132 que l'on récupère à Juigné-sur-Loire. Une fois arrivé à la Bosquet, il est temps de remonter vers Angers. Le passage par Trélazé serra l'occasion de voir les terrils d'ardoises qui ont d'ailleurs leur musée.

LA MARQUE

Situé sur la commune des Garennes-sur-Loire, l'atelier – ou l'usine Midual – produit une moto française avec une certaine idée du luxe. Olivier Midy a conçu une machine inédite avec un bicylindre à plat monté longitudinalement incliné à 25° face à la route. Une prouesse technique pour un passionné qui reprend les codes de l'horlogerie de luxe. À ce jour, vingt machines avec un cadre monocoque et des finitions hors norme ont été produites, dont certaines cherchent encore preneur.

SARTHE
LE MANS

Le Mans, une ville imprégnée d'histoire et de vitesse, où les rues résonnent du rugissement des moteurs et des murmures du passé.

Située dans la vallée de la Sarthe, cette ville française est bien plus qu'un simple point sur la carte, c'est un carrefour où le passé et le présent se rencontrent, où la tradition se mêle à l'innovation. Au cœur de cette cité, se dresse fièrement la majestueuse cathédrale Saint-Julien, un joyau de l'architecture gothique. Ses flèches s'élèvent vers le ciel, témoignant des siècles d'histoire et de foi qui ont façonné Le Mans. À ses pieds, les ruelles étroites et pavées serpentent, invitant à une promenade à travers le temps. Les maisons à colombages, témoins d'un passé médiéval, racontent des histoires de chevaliers et de marchands, de luttes et de prospérité. Pourtant, Le Mans est également célèbre pour un tout autre spectacle : celui des courses automobiles. Chaque année, le monde entier tourne son regard vers le circuit de la Sarthe, où se déroule l'une des courses les plus légendaires au monde : les 24 Heures du Mans. C'est un événement où la passion, le défi et l'ingéniosité se rejoignent, où les pilotes bravent l'obscurité et repoussent les limites de la vitesse pendant une journée entière, offrant un spectacle époustouflant à des millions de fans à travers le globe.

LA ROUTE

On part du circuit direction Mulsanne par la D140 et on y reste jusque Saint-Mars-d'Outillé. On récupère ensuite la D32 vers Le Grand-Lucé. On continue sur la D304 jusqu'à Brives (pas la Gaillarde sinon vous êtes vraiment allé trop loin) où peu après on bifurque vers le château de Bénéhard et la D64. À Chahaignes, on enchaîne avec la D255, puis la D63 jusqu'à Flée où il sera temps de remonter vers Le Mans via la D61. Si vous êtes dans le coin, hors courses de 24 h, un passage sur la ligne droite est indispensable.

LE LIEU/LES ÉVÉNEMENTS

Fleuron des circuits de vitesse français, le circuit Bugatti du Mans est le temple de la moto dans l'Hexagone, recevant la manche tricolore du championnat du monde MotoGP et les 24 Heures du Mans. Cette piste ultra célèbre est accessible dans le cadre de rares journées de roulage, mais aussi et surtout de stages de pilotage organisés par l'école motocycliste de l'ACO et d'autres structures. Pour des tarifs moins élevés, vous pourrez rouler sur la piste « Maison Blanche ».

LE PILIER AUX CLEFS

VENDÉE
VOUVANT

Vouvant, situé en Vendée, est un village charmant et pittoresque, reconnu comme l'un des « Plus Beaux Villages de France ».

Niché dans un méandre de la rivière Mère, ce bourg médiéval fut, selon la légende, bâti en une nuit par la fée Mélusine, épouse de Raymondin... Cette légende se reflète dans l'architecture du village, notamment dans la célèbre tour Mélusine, édifiée au début du XIe siècle. Elle est l'un des derniers vestiges du château fort de Vouvant. Elle offre une vue panoramique sur le village et la campagne environnante. Cette tour légendaire est étroitement liée à la mythologie de la fée Mélusine, rendant la visite particulièrement fascinante pour les amateurs d'histoire et de légendes. L'église Notre-Dame, construite au XIe siècle, est un magnifique exemple d'architecture romane. Sa façade ornée de sculptures est particulièrement remarquable. À l'intérieur, les visiteurs peuvent admirer des fresques anciennes et un autel richement décoré, témoignant du riche patrimoine religieux de Vouvant. Les remparts de Vouvant, bien préservés, entourent le village et offrent une belle promenade historique. Les portes fortifiées, notamment la porte de la Poterne, sont des éléments impressionnants qui rappellent le passé défensif du village. On goûtera avec plaisir le fion vendéen, spécialité pâtissière de la région, similaire à un flan, préparé avec des œufs, du lait et de la crème, souvent parfumé à la vanille ou à la cannelle. Les mogettes, haricots blancs typiques de la Vendée, sont souvent cuisinées en accompagnement de viandes ou de poissons. Elles sont particulièrement savoureuses lorsqu'elles sont préparées avec des lardons et des herbes aromatiques. Enfin pour le sucré, la brioche vendéenne, connue pour sa texture moelleuse et son parfum de fleur d'oranger, est un incontournable de la gastronomie locale. Elle se déguste aussi bien au petit-déjeuner qu'en dessert, nature ou avec une touche de confiture.

LA ROUTE

Au départ de Vouvant, direction Mouilleron-en-Pareds, puis Chavagnes-les-Redoux et Pouzauges. On prendra ensuite la direction de Saint-Michel-Mont-Mercure puis Les Herbiers, Les Landes-Genusson et Clisson, village célèbre pour son festival annuel de métal : le Hellfest. Une fois arrivé à Nantes, direction le village motos, véritable salon à ciel ouvert où tous les concessionnaires sont réunis dans un même lieu où de nombreux événements sont organisés chaque année.

LE LIEU

Développé de 2 400 m, avec deux boucles séparées, une boucle est de 1221 m et une boucle ouest de 1065 m, le circuit de Vendée à Fontenay-le-Comte offre toute la sécurité avec sa largeur de piste de 9 mètres, sans rails, ni murs (sauf muret des stands).
Il est bien évidemment homologué FFM et plus de 200 km/h par la CNECV (Commission nationale d'examen des circuits de vitesse).
Avec sa ligne droite de 788 m, il est un lieu idéal pour s'essayer au circuit avec un stage ou lors d'une journée circuit organisée par différents partenaires locaux.

DEUX-SÈVRES
COULON

Cette petite commune est nichée au cœur du Marais poitevin, également surnommé la « Venise verte ». Coulon est une destination de choix pour les amoureux de la nature, mais aussi pour ceux qui s'intéressent à l'histoire et à la gastronomie locale.

Coulon est avant tout connue pour être l'un des points d'entrée principaux du Marais poitevin. Les visiteurs peuvent explorer le marais à pied ou à vélo, mais l'une des meilleures manières de découvrir ce paysage unique est de faire une balade en barque traditionnelle, guidée par un batelier local. Cette promenade offre une immersion totale dans cet environnement préservé, composé de canaux sinueux, de prairies humides, et d'une faune et flore riches. En ce qui concerne l'histoire, Coulon possède quelques bâtiments anciens, tels que l'église Saint-Pierre, qui date du XIIIe siècle. Le village abrite également des maisons typiques aux façades en pierres, témoignant de son patrimoine architectural. La gastronomie de Coulon est largement influencée par les produits du terroir et les spécialités régionales. Les anguilles du marais, par exemple, sont souvent cuisinées de diverses manières, que ce soit en matelote, grillées ou encore fumées. Les escargots, autre spécialité locale, sont souvent préparés à la façon traditionnelle, avec de l'ail et du persil. Les légumes cultivés dans le marais, comme les mogettes (haricots blancs), sont également présents dans la cuisine de la région. Coulon est également réputée pour ses fromages, notamment le chèvre. Il est fréquent de trouver des fromages frais de chèvre servis avec des herbes locales ou du miel. En ce qui concerne les douceurs, la région propose des desserts tels que le tourteau fromager, une spécialité régionale à base de fromage de chèvre. Les pommes, abondantes dans la région, sont utilisées dans des tartes ou des compotes.

LA ROUTE

De Coulon, on descend vers Sansais par la D1, puis on bifurque vers l'ouest et la D3. Arrivé à La Grève-sur-Mignon, on emprunte la D114, puis à La Laigne la D207 pour ensuite à Beigne la D116 avant de croiser et récupérer la D115. À Saint-Jean-de-Liversay, on retourne à l'est avec la D114 puis la D116 vers Margot. Toujours sur la D116, on passera sur le canal de la Rabatière avant de prendre la D25 vers Benet où on redescend vers Coulon.

LE LIEU

Dans le musée des motos anciennes de Celles-sur-Belle, deux collections vous sont présentées. La première de M. Certain expose plus de 200 motos de 1903 aux années 1960 (Terrot, BSA, Rudge, Norton, Zundapp, BMW, Nimbus et autres…) quand la seconde, de M. Lopez, propose plus de 50 deux-roues, motos, Solex et cyclos. Privilégiez les visites de groupe pour voir l'ensemble.

CHARENTE-MARITIME
SAINT-SAUVANT

Niché au cœur des paysages bucoliques de la Charente-Maritime, le charmant village de Saint-Sauvant se dresse fièrement, telle une sentinelle du temps, préservant jalousement son histoire et son patrimoine.

Fondé au XIe siècle, il évoque à chaque coin de rue les récits séculaires de ses habitants, témoins silencieux des siècles écoulés. Au détour des ruelles pittoresques, les vestiges de l'histoire se dévoilent avec grâce. L'église romane, fièrement dressée, porte en elle les secrets des artisans qui l'ont érigée, avec ses arcs brisés et ses sculptures délicates. Les maisons de pierre, aux façades patinées par le temps, racontent les histoires des familles qui les ont habitées, des générations entières emportées par le flot de l'histoire. Les visiteurs curieux pourront également découvrir le château de Panloy, majestueuse demeure du XVIIIe siècle nichée dans un écrin de verdure. Avec ses jardins à la française et son architecture élégante, le château invite à un voyage dans le temps, à la rencontre des fastes d'autrefois. Mais Saint-Sauvant ne se contente pas de vivre dans le passé, il est également ancré dans le présent, vibrant au rythme de ses traditions et de ses spécialités locales. Les gourmands pourront ainsi se délecter des saveurs authentiques de la région, avec ses produits du terroir qui enchanteront les papilles les plus exigeantes. Le pineau des Charentes, nectar sucré issu de la rencontre subtile entre le moût de raisin et le cognac, symbolise à lui seul l'art de vivre charentais. Accompagné des célèbres huîtres de Marennes-Oléron, savamment préparées, il offre une expérience gustative inoubliable, où les saveurs marines se marient à la douceur enivrante du vin.

LA ROUTE

Da Saint-Sauvant, direction pleins pots vers la Chapelle-des-Pots, on bifurque ensuite par la D129 vers Varaize où un peu avant on prend sur la droite par la D930 puis la D229. À Esset on repique par la D220 puis la rue de l'Europe et Villemarange pour longer la Saudrenne. On prend ensuite la D121 puis la D939 vers Blanzac-lès-Matha, Matha que l'on va contourner par l'ouest et Saint-Hérie pour prendre la D131 vers Prignac, Migron puis Burie et Saint-Bris-des-Bois. Il est temps alors de prendre la D134 vers Saint-Césaire et de revenir à Saint-Sauvant.

L'ÉVÉNEMENT

À 80 km au nord-est de Bordeaux, le circuit de Haute-Saintonge – Jean-Pierre Beltoise – propose des stages de pilotage et de nombreuses journées open en fonction des réservations de la piste. Le complexe accueille d'ailleurs également une piste de kart et des stages de perfectionnement de la conduite. Le tracé de 2 200 m se classe parmi les très rapides, entrecoupé de puissants freinages.

GIRONDE
ARCACHON

La ville d'Arcachon, située sur la côte sud-ouest de la France, est une destination prisée pour ses paysages pittoresques, ses plages magnifiques et son riche patrimoine historique.

Nichée au bord du bassin d'Arcachon, cette ville balnéaire est entourée de dunes de sable, de forêts de pins et d'eaux étincelantes, offrant un cadre idyllique pour les visiteurs et les résidents. C'est au XIXe siècle que la ville connaît un véritable essor. En 1823, le médecin bordelais François Legallais préconise les bienfaits du climat local pour soigner diverses maladies, notamment la tuberculose. Cette recommandation conduit à la popularisation d'Arcachon comme station de santé. En 1857, les frères Pereire, riches banquiers et entrepreneurs, jouent un rôle crucial dans le développement de la ville. Ils construisent la première ligne de chemin de fer reliant Arcachon à Bordeaux, facilitant l'accès à la station balnéaire. Les frères Pereire développent également la Ville d'Hiver, un quartier rempli de villas élégantes et de parcs, destiné à accueillir les riches curistes. Avec en prime, la dune du Pilat, à quelques kilomètres de la ville, plus haute dune de sable d'Europe qui offre une vue imprenable sur l'océan Atlantique, la forêt landaise et le bassin d'Arcachon, la réputation est faite. Naviguer sur le bassin est une expérience incontournable. Les visiteurs peuvent explorer l'île aux Oiseaux, célèbre pour ses cabanes tchanquées, et découvrir les villages ostréicoles pittoresques comme Lège-Cap-Ferret. Le parc Mauresque, situé au cœur de la Ville d'Hiver, offre un cadre paisible avec des jardins paysagers, des aires de jeux et une vue panoramique sur la ville et le bassin depuis le belvédère. Le Musée aquarium combine un aquarium présentant la faune marine locale et un musée qui retrace l'histoire naturelle et humaine du bassin. Arcachon est également réputée pour sa gastronomie, notamment ses fruits de mer et ses produits locaux : les huîtres du bassin d'Arcachon, cultivées depuis des siècles, sont réputées pour leur qualité et leur goût unique. Les visiteurs peuvent déguster ces huîtres directement dans les cabanes ostréicoles, accompagnées d'un verre de vin blanc local. Le caviar d'Aquitaine, produit dans la région, est une délicatesse prisée des fins gourmets. La proximité de l'océan permet de savourer des poissons frais, des crevettes, des moules et d'autres fruits de mer, souvent préparés de manière simple pour en apprécier toute la fraîcheur.

LA ROUTE

On part d'Arcachon en direction de Biscarosse par le bord de mer puis Mimizan. On part ensuite vers l'intérieur et Escource, on remonte vers Labouheyre via Solférino puis Lüe, Ychoux, Parentis-en-Born, Sanguinet et son étang et on remonte vers La Teste-de-Buch et Arcachon. On pourra également remonter vers Lège-Cap-Ferret, Lacanau et remonter vers le Médoc.

L'ÉVÉNEMENT

Trois jours de fête pour tous les amoureux de la moto sous toutes ses formes et en particulier des customs : c'est ce que propose le Show Bike Aquitaine depuis 1994. Sur l'un des plus beaux sites du Médoc, à Vendays-Montalivet, avec pas moins de 13 kilomètres de plages, dont une « main Street » réservée aux bikers, cet événement qui se déroule en juin rassemble plus de 24 000 motards. L'asso OMC qui organise le show insiste sur l'ouverture de l'événement : « Axé sur la convivialité, le Show Bike Aquitaine se veut fédérateur au-delà des marques et des styles et réunit dans le même but des publics très différents, désireux de partager un week-end de plaisirs et de découvertes ». On ne saurait mieux dire…
Au programme des trois jours : concerts, bike show, stunt, freestyle, expos…

PYRÉNÉES-ATLANTIQUES
BIARRITZ

Nichée sur la côte atlantique du sud-ouest de la France, entre les montagnes majestueuses des Pyrénées et les vagues tumultueuses de l'océan, se trouve la magnifique ville de Biarritz.

Véritable joyau de la côte basque, Biarritz séduit ses visiteurs par son histoire fascinante, ses paysages époustouflants et ses spécialités gastronomiques inoubliables. Fondée à l'époque de Napoléon III, Biarritz a d'abord été un modeste village de pêcheurs avant de devenir la destination prisée des élites de l'Europe du XIXe siècle. Les traces de ce passé glorieux se retrouvent dans l'architecture élégante de la ville, avec ses somptueuses villas Belle Époque, ses palaces historiques et ses bâtiments à l'élégance discrète qui bordent les rues animées du centre-ville. Parmi les incontournables de Biarritz, le rocher de la Vierge se dresse fièrement au large de la côte, accessible par une passerelle spectaculaire. Cette statue de la Vierge, érigée au XIXe siècle, offre une vue imprenable sur l'océan et la côte rocheuse, un spectacle à couper le souffle qui ne manque pas de marquer les esprits. Les plages de Biarritz sont également des lieux emblématiques où se mêlent surfeurs intrépides et baigneurs en quête de détente. La Grande Plage, avec son sable doré et ses vagues puissantes, est un véritable paradis pour les amateurs de surf, tandis que la plage de la Côte des Basques, plus sauvage, offre un cadre idyllique pour se ressourcer au contact de la nature. Mais Biarritz ne serait pas ce qu'elle est sans ses spécialités gastronomiques qui ravissent les papilles des gourmets du monde entier. Les produits de la mer occupent une place de choix dans la cuisine locale, avec des plats traditionnels tels que le merlu koskera, la soupe de poisson à la basquaise ou les chipirons à l'encre. Sans oublier les délices sucrés comme les célèbres gâteaux basques, aux saveurs de cerise ou de crème pâtissière, qui fondent littéralement en bouche.

LA ROUTE

De Biarritz à Saint-Jean-de-Luz ou Hendaye, c'est beau comme l'ouest de l'Irlande ! Après avoir visité le château d'Abbadia à Hendaye, direction les contreforts pyrénéens par Biriatou jusqu'à Ascain par la D4. Poursuivez jusqu'à Sare par la D4, mais en chemin, faites une halte pour emprunter le petit train de la Rhune, qui vous offrira une vue grandiose sur toute la côte du haut de ses 905 mètres. Toujours sur la D4, poursuivez jusqu'à Ainhoa, puis piquez deux bornes au sud pour aller faire le plein dans le village frontalier de Dantxarinea (prononcez Dancharia). Reprenez ensuite la D20 pour une courte liaison jusqu'à Espelette, avant d'aller à Itxassou par la D249. Là, il est temps de passer à la partie pilotage du parcours : cap sur Saint-Jean-Pied-de-Port par la D918, puis la D18 jusqu'aux chalets d'Iraty, 31 km de virolos plus loin.

L'ÉVÉNEMENT

Wheels and Waves est un rassemblement qui anime les passionnés de moto et de surf. Au-delà des expositions et des démonstrations, Wheels and Waves, c'est aussi des balades en moto le long des routes côtières pittoresques, en passant par les concerts en plein air et les soirées animées, et des courses d'anciennes.

PYRÉNÉES-ATLANTIQUE
PAU

Nichée au cœur des majestueuses Pyrénées, la ville de Pau déploie son charme élégant et son histoire riche avec une grâce intemporelle.

Capitale du Béarn, elle invite ses visiteurs à un voyage à travers les siècles, où le passé se mêle harmonieusement au présent pour créer une atmosphère unique et envoûtante. Fondée au Moyen Âge, Pau a été le théâtre de nombreux événements historiques qui ont façonné son destin. Le château de Pau, emblème de la ville, surplombe majestueusement la cité depuis son promontoire, rappelant les fastes de la cour royale. C'est ici même, dans ses murs chargés d'histoire, que naquit en 1553 Henri IV, roi emblématique de France, dont la statue équestre trône fièrement dans la ville. Les visiteurs peuvent aujourd'hui explorer ses salles richement décorées et ses jardins verdoyants, témoins privilégiés des grandes heures de la monarchie française. À quelques pas de là, la vieille ville de Pau dévoile ses trésors architecturaux, avec ses ruelles pittoresques et ses maisons à colombages qui racontent les histoires des siècles passés. La place Royale, avec sa fontaine élégante et ses façades colorées, invite à la flânerie, tandis que la promenade du boulevard des Pyrénées offre un panorama à couper le souffle sur les sommets enneigés de la chaîne pyrénéenne. Mais Pau ne se résume pas à son passé glorieux, elle est également une ville moderne et dynamique. Les amateurs d'art pourront ainsi se perdre dans les salles du musée des Beaux-Arts, qui abrite une collection exceptionnelle d'œuvres allant de la Renaissance à nos jours, tandis que les passionnés d'architecture pourront admirer les créations contemporaines qui parsèment la ville. Pau, c'est aussi sa gastronomie comme les produits du terroir béarnais, tels que le fromage de brebis, le jurançon, la poule au pot ou la célèbre sauce béarnaise, délicieusement nappée sur une viande grillée, qui est une invention gastronomique locale à ne pas manquer.

LA ROUTE

Au départ de Pau, direction par la D938 Igon puis Asson, et Arthez d'Arson par la route du Soulor D326. Une fois arrivé à Ferrières et son moulin, on récupère la D126 qui serpente jusqu'au col du Soulor. 1474 m ! prenez une petite laine tout de même.
La D918 va nous emmener encore plus haut avec le mythique col de l'Aubisque, haut lieu du Tour de France ! On redescend par la D918 jusqu'à Larins où il faudra prendre la D934 qui longe le gave d'Ossau. Direction Rebenac puis Jurançon et la boucle jusqu'à Pau est terminée.

LE LIEU

Vallonné, alternant courbes rapides et virages lents, le tracé technique du circuit de Pau-Arnos, à 30 km de Pau, s'inscrit dans un cadre naturel rare avec les Pyrénées en toile de fond.
Le Moto-Club Pau Arnos organise régulièrement des journées Open, en semaine comme le week-end et vous pourrez également assister à de nombreuses courses tout au long de l'année. Avec son développé de plus de trois kilomètres, c'est un circuit technique et plaisant où de nombreux spécialistes viennent y dispenser des stages pour tous les niveaux.

DORDOGNE
BEYNAC

Au cœur de la vallée de la Dordogne, ce village médiéval est dominé par son imposant château fortifié, le château de Beynac, qui se dresse majestueusement sur une falaise surplombant la rivière Dordogne.

L'histoire de Beynac-et-Cazenac remonte au XIIe siècle, époque à laquelle le château fut érigé pour défendre la vallée contre les invasions. Ce site historique a été témoin de nombreux conflits, notamment pendant la guerre de Cent Ans, où il a été un enjeu stratégique entre les Anglais et les Français. Aujourd'hui, le château de Beynac offre aux visiteurs une plongée fascinante dans le passé, avec ses salles meublées, ses fresques et ses vues imprenables sur la vallée. En déambulant dans les ruelles pavées du village, les visiteurs peuvent découvrir l'église romane Notre-Dame-de-l'Assomption, datant du XIIe siècle, ainsi que de nombreuses maisons traditionnelles en pierre, souvent agrémentées de toits de lauze ou de tuiles. Une autre attraction notable est le manoir de La Boétie, une élégante demeure Renaissance qui mérite également une visite. Beynac-et-Cazenac est aussi un excellent point de départ pour des promenades en gabare sur la Dordogne, offrant une perspective unique sur les falaises et les châteaux environnants. En matière de gastronomie, le village et ses environs sont réputés pour leurs spécialités périgourdines. Les visiteurs peuvent se régaler de foie gras, de confit de canard, de truffes et de noix, sans oublier les vins locaux qui accompagnent parfaitement ces mets délicieux. Les marchés locaux, comme celui de Sarlat à proximité, sont l'occasion de découvrir et de déguster ces produits du terroir.

LA ROUTE

Au départ de Beynac-et-Cazenac, direction Beynac en bord de Dordogne où on récupère la D703 vers Castelnaud. La D57 nous emmène vers Pont-Cause afin d'emprunter la D50 puis la D53. Au cœur du Périgord vert, on se dirige vers Saint-Laurent-La-Vallée, Prats-du-Périgord, Villefranche-du-Périgord afin de prendre la D660 vers Saint-Caprais. On remonte ensuite vers Marminiac, Campagnac-lès-Quercy et Saint-Pompon. Ensuite direction Daglan, Cénac-et-Saint-Julien, un passage obligé par la Roque-Gageac et ses maisons troglodytes, puis Vézac et retour à Beynac.

L'ÉVÉNEMENT

La Grappe de Cyrano est un enduro classic organisé en avril sur la commune du Buisson-de-Cadouin qui accueille, chaque année, environ 600 pilotes de tous niveaux… du champion du monde à l'amateur. Cette classique se déroule sur deux jours de course. Ce sont environ 450 km de parcours de liaison avec 4 spéciales chronométrées par jour, de bons repas servis aux pauses méridiennes !

CORRÈZE
COLLONGES-LA-ROUGE

Collonges-la-Rouge, situé en Corrèze, est un des plus beaux villages de France, célèbre pour ses maisons en grès rouge.

Fondé au VIIIe siècle, il doit son nom à l'abbaye de Charroux qui y établit une communauté religieuse. Cette petite commune du Limousin a connu une prospérité notable du XIIIe au XVIe siècle grâce à son commerce et à l'agriculture. Sa pierre rouge unique, issue des carrières locales, confère au village un charme distinctif et attire chaque année de nombreux visiteurs. Au Moyen Âge, la ville devient un centre administratif et judiciaire, ce qui stimule son développement. En 1308, elle obtient une charte communale qui lui confère des privilèges importants. Au fil des siècles, Collonges-la-Rouge a su préserver son patrimoine architectural, ce qui lui a valu d'être l'un des premiers villages à être classés parmi les « Plus Beaux Villages de France » en 1982. Construite aux XIIe et XIVe siècles, l'église Saint-Pierre est un exemple remarquable de l'architecture romane et gothique. Elle se distingue par son clocher carré et ses chapiteaux sculptés. L'intérieur abrite des fresques médiévales et une magnifique chaire en bois. La Maison de la Sirène est un autre lieu à voir. Cette maison datant du XVIe siècle est l'un des édifices les plus emblématiques du village. Elle doit son nom à une sculpture de sirène ornant sa façade. La Maison de la Sirène abrite aujourd'hui un petit musée consacré à l'histoire et à l'art de Collonges-la-Rouge. Les tours de César et de Maussac sont des vestiges des anciennes fortifications, et offrent une vue imprenable sur le village et ses alentours. Côté mets et délices, le vin de noix est une spécialité de la région, fabriqué à partir de noix vertes macérées dans du vin rouge et de l'alcool. C'est un apéritif doux et parfumé, souvent servi lors des repas festifs. Le pain de seigle, produit localement, est une autre spécialité de Collonges-la-Rouge. Ce pain rustique, au goût légèrement acidulé, accompagne parfaitement les charcuteries et les fromages régionaux, notamment le cabécou, un fromage de chèvre crémeux et savoureux. Il se déguste aussi bien frais qu'affiné.

LA ROUTE

Au départ de Collonges-la-Rouge, on prend la direction de Meyssac où on se dirige vers Lagleygeolle puis Beynat. On reste encore sur la D921 un peu avant de bifurquer par la D94 puis la D1 vers Cornil. On y passe la Corrèze pour rattraper la D141 puis la D14 qui longe la Roanne qui emmène vers Lanteuil. La D150 vers Noailhac nous ramène vers Collonges-La-Rouge.

L'ÉVÉNEMENT

Le rassemblement moto des Millevaches, qui se tient chaque année en décembre à Meymac, en Corrèze, est un événement emblématique pour les motards endurcis. Né dans les années 1960 et relancé en 2009, il attire des passionnés de toute la France et de l'étranger, prêts à affronter le froid et les routes enneigées du plateau des Millevaches. Au cœur de cet événement unique, les participants profitent de balades en groupe, de concerts et d'animations autour de feux de camp, partageant leur passion pour la moto dans une ambiance de camaraderie et de solidarité.

CREUSE
AUBUSSON

Aubusson est connue pour sa longue tradition de fabrication de tapisseries, qui est un véritable trésor culturel et historique.

La ville offre de nombreuses découvertes aux visiteurs, qu'il s'agisse de ses monuments historiques, de son patrimoine artistique ou de sa gastronomie locale. Le musée de la Tapisserie d'Aubusson est une visite incontournable pour ceux qui souhaitent découvrir la richesse de l'art textile de la région. Ce musée présente des œuvres magnifiques qui témoignent du savoir-faire ancestral de la ville en matière de tissage. Les tapisseries d'Aubusson sont réputées dans le monde entier pour leur qualité et leur beauté. Outre le musée, il est intéressant de se promener dans les rues d'Aubusson pour admirer les maisons anciennes, certaines datant du Moyen Âge, et les ruelles pittoresques qui témoignent de l'histoire de la ville. L'église Sainte-Croix, datant du XIIIe siècle, est un autre lieu emblématique à visiter, avec ses magnifiques vitraux et son architecture impressionnante. En ce qui concerne la gastronomie, Aubusson propose une variété de plats locaux savoureux. Les spécialités culinaires de la région incluent des plats à base de viande de porc ou de bœuf, souvent préparés avec des pommes de terre et des légumes de saison. Ne manquez pas l'occasion de goûter à la fameuse potée limousine, un ragoût rustique et réconfortant. Les fromages locaux, comme le fromage de chèvre et le Bleu de Laqueuille, sont également à découvrir. Pour les amateurs de desserts, les pommes sont souvent utilisées dans les pâtisseries locales, comme dans la tarte aux pommes ou le clafoutis.

LA ROUTE

Au départ d'Aubusson, direction Saint-Amand par la D990A puis la D993, on redescend un peu par la D21 avant d'emprunter la D942 puis la D988 nommée route d'Aubusson. On bifurque ensuite vers Bagnard et Flattard par la D89 qui passe à proximité du Puy de Sanette, moment choisi pour récupérer la D39. Au lieu-dit le Boisqueyreau, on emprunte ensuite la D996 vers Brousse et Le Compas, le Thil et la D27 nous font revenir sur Aubusson avec ensuite la D988 qui passe devant le château de Vauchaussade. La D988 vers Bellegarde-en-Marche nous rapproche encore de la ville aux tapisseries. La D39 et ses nombreux virages nous feront passer par Saint-Maixant, attention à l'école de gendarmerie. Il suffira de rattraper la D942 pour revenir enfin à Aubusson.

LE LIEU

Conçu par Pierre Bardinon, créateur de Chapal, dans le parc de sa propriété située à proximité d'Aubusson, situé à 80 km à l'est de Limoges et 90 km à l'ouest de Clermont-Ferrand, le circuit du Mas du Clos étend sa piste de 3 071 mètres à près de 700 mètres d'altitude dans les contreforts de l'Auvergne. Le premier tracé historique du Mas du Clos avait été dessiné en 1963 et ne mesurait que 400 mètres. Les choses ont beaucoup évolué depuis jusqu'à un tracé technique alternant une partie très rapide avec une ligne droite et des courbes ouvertes puis une partie beaucoup plus lente avec une épingle et des virages serrés à fort dénivelé.

RUE
FARDOUX DUPRAT

CORRÈZE
TURENNE

Cette petite ville pittoresque est riche en histoire et en patrimoine, ce qui en fait une destination touristique prisée.

Turenne fut autrefois un puissant comté, un état quasi indépendant qui jouissait d'une grande autonomie sous la domination de la famille de Turenne, l'une des plus influentes de France. Le château de Turenne, perché sur une colline offrant une vue imprenable sur la vallée, est un vestige de cette époque glorieuse. Bien que partiellement en ruines, le château reste un symbole de la puissance et de la grandeur passées. La visite du château permet de découvrir les remparts, les tours et les souterrains qui témoignent de l'importance stratégique de Turenne au Moyen Âge. Le village de Turenne est également connu pour ses ruelles pavées et ses maisons en pierre calcaire, typiques de la région, qui créent une atmosphère médiévale et authentique. Parmi les édifices remarquables, l'église Saint-Paul mérite une visite pour ses magnifiques vitraux et son architecture romane. En flânant dans les ruelles étroites, les visiteurs peuvent admirer les demeures anciennes, souvent décorées de fleurs, qui contribuent au charme unique de Turenne. Les amateurs de randonnée trouveront leur bonheur dans les environs de Turenne, avec de nombreux sentiers offrant des panoramas spectaculaires sur la campagne corrézienne. Le sentier des Douaniers, par exemple, est une promenade populaire qui permet de découvrir la beauté naturelle de la région tout en retraçant une partie de son histoire. En ce qui concerne les spécialités locales, Turenne et la région de la Corrèze sont réputées pour leur gastronomie généreuse et savoureuse. Les visiteurs peuvent déguster des plats typiques comme le foie gras, le magret de canard, et la mique, une sorte de pain cuit à l'eau servi avec du petit salé et des légumes. Les marchés locaux offrent également une variété de produits du terroir, notamment des fromages artisanaux, des charcuteries et des pâtisseries, qui raviront les gourmands.

LA ROUTE

Au départ de Turenne, on prend la D19 direction Nespouls, où on bifurque par la D820 vers Cressensac puis Payrac. Un peu après, on prend la direction de Rocamadour, village situé sur le bord d'une falaise. On remonte ensuite vers Montvalent par la D15 ou la D840. Passage par Martel par la D100 nous ramène par des routes sinueuses à souhait vers Turenne.

L'ÉVÉNEMENT

Avec près de 600 pilotes moto, 1 000 randonneurs quad, 10 000 mètres carrés d'espace d'exposition, le plus grand rassemblement de moto et quad tout-terrain en Europe accueille 10 000 spectateurs le temps d'un week-end dans le courant du mois de septembre. Le Kenny Festival, ce n'est pas que des courses, mais aussi des randonnées gastronomiques (en quad, moto, ou électrique) avec AMV, la Coupe des AS Motorex et le Salon Tout-Terrain, plusieurs événements en un seul, avec une organisation sans faille et une ambiance exceptionnelle, ponctuée par des concerts !

VIENNE
POITIERS

Berceau de l'histoire et de la culture, Poitiers s'étend majestueusement sur les rives de la rivière Clain, déployant ses trésors architecturaux et gastronomiques aux visiteurs émerveillés.

Fondée à l'époque romaine, cette ville empreinte d'histoire offre un voyage à travers les siècles, où chaque pierre raconte un récit millénaire. Au cœur de la cité, la majestueuse cathédrale Saint-Pierre, chef-d'œuvre de l'art roman, s'élève vers le ciel avec ses tours imposantes et sa façade sculptée qui invitent à une contemplation silencieuse, tandis que l'intérieur somptueux révèle les trésors de l'art sacré, avec ses vitraux colorés et ses sculptures délicates. Non loin de là, le palais des comtes de Poitou, ancienne résidence des seigneurs de la région, dévoile ses mystères aux visiteurs curieux. Avec ses tours médiévales et ses salles richement décorées, il témoigne de la grandeur passée de la ville, évoquant les fastes de la cour et les intrigues politiques qui ont marqué son histoire. Mais Poitiers ne se résume pas à son passé glorieux, elle est également une ville dynamique, où l'art et la culture fleurissent à chaque coin de rue. Les amateurs d'art pourront ainsi se perdre dans les dédales du musée Sainte-Croix, qui abrite une collection exceptionnelle d'œuvres allant de l'Antiquité à nos jours, tandis que les passionnés de théâtre pourront assister à des représentations envoûtantes au sein du célèbre théâtre municipal. Poitiers c'est aussi ses spécialités locales, qui enchanteront les palais les plus exigeants. Les gourmands pourront ainsi déguster les délices sucrés des macarons de Montmorillon, ces petites merveilles de pâtisserie qui fondent en bouche, ou se délecter des saveurs authentiques du broyé du Poitou, ce biscuit traditionnel au beurre qui ravit les papilles depuis des générations. Et forcément, pour les plus petits – comme les plus grands –, comment ne pas parler du parc d'attractions du Futuroscope qui attire de nombreuses personnes toute l'année.

LA ROUTE

De Poitiers, direction l'ouest avec les villages de Sanxay puis Ménigoute par la D3 où il sera temps de prendre vers la Guérinière puis la Pagerie puis la D524 vers Bous Chabot. On remonte ensuite par la D738 vers Vausseroux et Saint-Martin-du-Foulloux où peu après on récupère la D59 vers Benassay et la D62 jusqu'à Latillé où on repique par la D27 vers Montreuil-Bonnin. Attention toutefois, il ne faut pas aller jusque-là et remonter vers Vouillé par la D7. La D43 vous ramène ensuite vers Poitiers.

LE LIEU

Le circuit du Val de Vienne reste au premier plan en France concernant la compétition moto puisqu'il accueille notamment le championnat de France Superbike et les coupes de France Promosport. Il propose des journées Open réservées aux licenciés FFM ainsi que des roulages organisés par des clubs privés. Ouvert en 1991, son tracé compte 16 virages très différents, alternant courbes rapides à rayon constant, chicanes et virages serrés avec un développé de 3 768 m en compétition ou 1 830 m pour les journées open et les stages.

SUD

OCCITANIE
PROVENCE-ALPES-CÔTE D'AZUR
CORSE

HAUTE-GARONNE
SAINT-BERTRAND-DE-COMMINGES

Niché au cœur des majestueuses Pyrénées, le village pittoresque de Saint-Bertrand-de-Comminges est un véritable trésor caché, imprégné d'histoire, de culture et de charme authentique.

Posé sur une colline escarpée, ce joyau médiéval offre aux visiteurs une immersion dans le passé, avec ses ruelles pavées, ses maisons en pierre et ses monuments historiques préservés. L'histoire de Saint-Bertrand-de-Comminges remonte à l'époque romaine, lorsque la ville était un important centre religieux et commercial sur la route de Saint-Jacques-de-Compostelle. Fondée au Ier siècle av. J.-C., la cité a prospéré grâce à son emplacement stratégique et à son riche patrimoine culturel. Parmi les sites incontournables de la ville, la majestueuse cathédrale Sainte-Marie se dresse fièrement, dominant le paysage de sa silhouette imposante. Construite entre les XIe et XIIIe siècles, cette merveille de l'architecture gothique abrite un trésor artistique, avec ses magnifiques vitraux, ses sculptures médiévales et son cloître élégant. Promenez-vous dans ses allées et laissez-vous transporter à l'époque glorieuse du Moyen Âge. En explorant les rues de Saint-Bertrand-de-Comminges, vous découvrirez également de charmantes places ombragées, des fontaines gracieuses et des maisons à colombages qui témoignent du riche passé de la ville. Ne manquez pas de visiter le palais des Évêques, un magnifique édifice Renaissance qui abrite aujourd'hui un musée retraçant l'histoire de la région.

En parlant de spécialités locales, Saint-Bertrand-de-Comminges ne manque pas de délices culinaires à savourer. Ne manquez pas de déguster le délicieux fromage de la région, le fameux bethmale, un fromage de chèvre à pâte pressée non cuite, ainsi que le savoureux jambon de Bigorre, une spécialité charcutière réputée pour son goût riche et son fondant en bouche, sans oublier un cassoulet.

LA ROUTE

Direction les routes du Tour de France vélo en empruntant la D925 vers Bramevaque qui vous emmène à 1755 et le port de Balès puis le port de Court. On redescend vers Cirès, Mayrègne, Saint-Paul D'Oueil puis Benque-Dessous-et-Dessus ! À Bagnères-de-Luchon, on prend la direction de Saint-Mamet et la D618 qui va nous faire remonter et basculer vers les lacets espagnols de la N141. Il est alors possible de faire un aller-retour vers Arros et Vilamès pour tourner encore et encore. De retour vers Bossost, on remonte par la N125 puis on bifurque vers le col de Menté par la D44. En longeant le Gers, on prend la D85 puis la D618 qui nous emmène vers Cazaunous puis Saint-Bertrand-des-Comminges.

LE LIEU

Créé par la ville de Toulouse en 1981, le Circuit de Candie était à l'origine une simple piste « deux-roues » qui accueillait des rencontres de motards. Rebaptisé Circuit Daniel Pescheur à l'occasion du 1er forum national de prévention à la sécurité routière, il vise à sensibiliser à la sécurité routière les usagers des deux-roues. Il propose une piste de vitesse très courte et des zones de cross et de trial.

GERS
FOURCÈS

Situé dans le magnifique département du Gers, au cœur de la région Occitanie, se trouve le charmant village de Fourcès, un joyau préservé au milieu des collines vallonnées et des champs de tournesols.

Son histoire riche remonte jusqu'à l'Antiquité, mais le village actuel a été fondé autour d'un château fort au XIIIe siècle qui a été le témoin de nombreuses batailles et alliances au cours des siècles, mais il a finalement trouvé sa paix et sa prospérité en tant que bastide médiévale. Les ruelles étroites pavées de galets, bordées de maisons à colombages et de façades de pierre, invitent à une promenade tranquille à travers le temps. Au détour des vieilles portes en bois, on découvre des petits trésors architecturaux, comme la Halle circulaire, unique en son genre dans la région, construite au XVIIe siècle sur l'emplacement d'un ancien château. Cette place couverte accueille aujourd'hui un marché hebdomadaire où les producteurs locaux exposent fièrement leurs produits frais, offrant aux visiteurs une expérience authentique de la gastronomie gersoise. Car Fourcès est également réputé pour sa cuisine délicieuse et généreuse. Les spécialités locales ravissent les papilles avec leurs saveurs uniques et authentiques. Les amateurs de bonne chère ne manqueront pas de goûter au foie gras, à l'armagnac et aux délicieux plats à base de canard, qui font la renommée de la région. Les marchés et les boutiques regorgent de produits du terroir, tels que le célèbre floc de Gascogne, un apéritif sucré à base de moût de raisin et d'armagnac, ou encore les succulentes pâtisseries à la fleur de violette. Outre ses trésors gastronomiques, Fourcès offre également des paysages à couper le souffle. Les environs sont parsemés de vignobles verdoyants, de champs de blé doré et de vergers parfumés, créant un tableau pittoresque digne des plus belles cartes postales. Les amateurs de plein air trouveront leur bonheur en explorant les sentiers de randonnée qui serpentent à travers la campagne environnante, offrant des vues imprenables sur la vallée de l'Adour et les Pyrénées au loin.

LA ROUTE

Au début de Fourcès, il faut se diriger par la D5 vers Mezin puis récupérer la D149 qui se prolonge ensuite par la D112 une fois Lasserre passé. Une fois le lac des Trois Chênes passé et Francescas atteint, on remonte un peu par la D137 direction Saumont que l'on n'atteint pas puisqu'il faudra bifurquer avant vers Nérac. Direction Baulens par la D294 puis Ligardes avant de récupérer la route de Condom, passage du chemin de Saint-Jacques-de-Compostelle. On emprunte ensuite la D45 puis la D15 qui vont nous ramener vers Fourcès après une belle boucle sur les terres de l'Armagnac.

LE LIEU

Le circuit Paul Armagnac de Nogaro, situé à 160 km au sud de Bordeaux et 90 km au nord de Pau, possède un riche passé sportif. Accueillant sa première course en 1960, le tracé de Nogaro évolue au fil des ans jusqu'à accueillir le Grand Prix de France moto en 1974. Les infrastructures, refaites régulièrement, accueillent aujourd'hui encore le top de la compétition moto française avec le championnat de France Superbike. Le tracé technique de Nogaro vous est ouvert dans le cadre de journées club et de stages de pilotages.

PYRÉNÉES-ORIENTALES
COLLIOURE

Entre mer et montagne sur la côte méditerranéenne, Collioure est un lieu incontournable de l'Occitanie.

Remontant à l'Antiquité sous le nom de « Caucoliberis », Collioure devient au Moyen Âge une place forte du Royaume de Majorque, comme en témoigne le château royal construit à cette époque. Passée sous contrôle français au XVIIe siècle, la ville voit ses défenses améliorées par Vauban. Parmi les incontournables, le château royal offre une vue spectaculaire, tandis que l'église Notre-Dame-des-Anges, avec son clocher emblématique servant autrefois de phare, et le quartier historique du Mouré, avec ses ruelles étroites et ses maisons colorées, séduisent les visiteurs. Le musée d'Art Moderne expose des œuvres de Matisse et Derain, fondateurs du fauvisme, inspirés par la lumière et les paysages locaux. Côté gastronomie, l'anchois de Collioure est la spécialité la plus célèbre, préparée de diverses façons depuis le Moyen Âge, et les vins du Roussillon, notamment les AOC, ainsi que la cuisine catalane, et offrent une palette de saveurs régionales, avec des plats typiques comme la cargolade, la bullinada et le suquet de peix. Collioure combine harmonieusement histoire, culture et gastronomie, offrant une destination méditerranéenne incontournable pour les passionnés d'histoire, les amateurs d'art et les gourmands.

LA ROUTE

Au départ de Collioure, deux options pour aller vers Port-Vendres avec la D114 sur le bord de mer puis la D914 vers Banyuls-sur-Mer ou alors la D86 par l'intérieur par la route des Crêtes. Une fois à Banuyls, on reste sur la D914, vers Cerbère. On passe ensuite la frontière espagnole pour pousser la balade jusqu'à Cadaquès via El Port de la Selva. Des routes magnifiques avec des points de vue et des virages, et en prime un super revêtement.

L'ÉVÉNEMENT

Le Moto-Club du Puech Auriol organise une manche du championnat de France de cross-country au mois de juin sur le circuit de La Cabanasse, à Rennes-les-Bains, à quelques encablures de Perpignan. Elle clôture la saison d'une compétition spectaculaire en terrain varié qui a lieu sur circuit fermé présentant des dénivellations, des variations de pente, des changements de direction, des obstacles naturels ou artificiels et qui a pour but de mettre en valeur l'endurance des pilotes, ainsi que la résistance des machines. Immanquable !

TARN
GAILLAC

Fondée il y a plus de deux millénaires, Gaillac est une cité médiévale qui mérite le détour.

L'histoire de Gaillac remonte à l'époque romaine, lorsque la ville était un important centre commercial et viticole. Les vestiges de cette époque glorieuse sont encore visibles aujourd'hui, notamment avec les ruines de l'ancien pont romain qui enjambait le Tarn. Promenez-vous dans le centre historique et découvrez les charmantes ruelles pavées, les maisons à colombages et les églises centenaires qui témoignent de l'histoire mouvementée de la région. Parmi les sites incontournables de Gaillac, ne manquez pas la visite de l'abbaye Saint-Michel, un joyau de l'architecture romane niché au cœur des vignobles. Fondée au VIIIe siècle, cette abbaye abrite une église magnifique, ainsi qu'un cloître paisible où il fait bon se promener. Imprégnez-vous de l'atmosphère spirituelle de ce lieu chargé d'histoire et admirez les splendides fresques qui ornent ses murs. Gaillac est également réputée pour ses vins de renommée mondiale. Les vignobles qui entourent la ville produisent une grande variété de cépages, dont le célèbre gaillac blanc, un vin sec et fruité, ainsi que le gaillac rouge, robuste et corsé. Partez à la découverte des domaines viticoles locaux et laissez-vous guider par des vignerons passionnés qui vous feront découvrir tous les secrets de la viticulture. Côté gastronomie, ne manquez pas de goûter à la croustade, une délicieuse tarte aux pommes typique de la région, mais aussi et surtout la truite au vin rouge où le poisson fraîchement pêché est mijoté dans une sauce riche et parfumée au vin rouge de la région. Cette préparation met en valeur les saveurs subtiles du poisson tout en lui conférant une tendreté incomparable.

LA ROUTE

Au départ de Gaillac, on emprunte la D964 en direction de Castelnau de Montmirail puis Laval. Si vous êtes en Mayenne, faites demi-tour ! Continuez sur la D8 puis la D70 et la D85 et prenez la direction de Montgaillard où la D999 vous ramène vers Gaillac. Toujours de Gaillac, vous pouvez également aller vers l'est, ce qui vous rapprochera des routes de l'Aveyron.

LE LIEU

Le circuit d'Albi et son école de sport font office de pionniers en France en proposant depuis juin 2010 aux enfants de 6 à 10 de s'initier au sport moto sur des mini-motos électriques.
Le circuit du Séquestre, remplaçant celui des Planques en 1962, a évolué de nombreuses fois depuis pour arriver au tracé actuel, rapide et technique.
Vous trouverez le site d'Albi – Le Séquestre – à proximité directe de la ville d'Albi (4 km) et pourrez parcourir sa piste dans le cadre des stages proposés par l'école de pilotage du circuit ou des journées organisées par les moto-clubs des environs, ou assister aux courses du championnat de France de vitesse.

AVEYRON
LAGUIOLE

Laguiole est une petite commune française célèbre pour ses paysages pittoresques, son artisanat exceptionnel et ses traditions culinaires.

Située sur le plateau de l'Aubrac, Laguiole bénéficie d'un cadre naturel remarquable, offrant des panoramas splendides et une richesse écologique préservée. C'est au XIXe siècle que le village se fait connaître grâce à son artisanat. Laguiole devient célèbre pour ses couteaux, des outils de haute qualité fabriqués par des artisans locaux. Ce savoir-faire, transmis de génération en génération, a forgé la réputation internationale de Laguiole. Le couteau de Laguiole, reconnaissable à son design élégant et à son abeille emblématique, est devenu un symbole de la ville et un exemple d'excellence artisanale française. Laguiole offre aux visiteurs de nombreuses attractions et activités. Les ateliers de coutellerie sont incontournables. Les visiteurs peuvent découvrir le processus de fabrication des célèbres couteaux et même assister à des démonstrations. Plusieurs coutelleries ouvrent leurs portes au public, permettant de comprendre l'importance de cet artisanat dans la culture locale. L'église Saint-Matthieu, datant du XIXe siècle, est un édifice charmant qui mérite une visite. Son architecture néogothique et son intérieur soigné reflètent la riche histoire religieuse de la région. Le musée du Couteau de Laguiole retrace l'histoire de cet emblématique ustensile de sa création à son évolution moderne. Il expose également des pièces rares et des créations artistiques liées à la coutellerie. Les amateurs de nature seront ravis par les vastes étendues du plateau de l'Aubrac. Idéal pour la randonnée, le plateau offre des paysages époustouflants, avec ses prairies verdoyantes, ses rivières et ses troupeaux de vaches Aubrac. La coopérative Jeune Montagne est une fromagerie emblématique qui produit le célèbre fromage laguiole AOP. Les visiteurs peuvent y découvrir les étapes de fabrication de ce fromage traditionnel et déguster divers produits locaux, comme la tome fraîche utilisée pour l'aligot, une spécialité culinaire de la région. La viande de bœuf de la race Aubrac est renommée pour sa qualité. Elle est souvent cuisinée en grillades, en ragoûts ou en steaks, mettant en valeur sa tendreté et sa saveur.

LA ROUTE

La région regorge de routes sinueuses à souhait. Pour aller de Laguiole vers Villecomtal, sur les routes du Rallye du Dourdoue, il suffit d'emprunter la D921, puis la D22 vers l'Estaing. On traverse le Lot et on continue sur la D22, avant de prendre un bout de la D20, puis récupérer la D22 et arriver à Villecomtal. De là, on vous invite à prendre la direction de Saint-Cyprien-sur-Dourdou et de rayonner tout autour.

L'ÉVÉNEMENT

Le Rallye du Dourdou est l'une des épreuves phares du championnat de France des rallyes routiers. Organisé chaque année en juillet dans le département de l'Aveyron à Villecomtal, ce rallye est particulièrement apprécié pour la beauté de ses paysages et la diversité de son parcours. Le Rallye du Dourdou offre aux participants un itinéraire exigeant, composé de routes sinueuses, de passages techniques et de secteurs chronométrés de jour comme de nuit.

HÉRAULT
PALAVAS-LES-FLOTS

Située sur la côte méditerranéenne du sud de la France, Palavas-les-Flots est une charmante station balnéaire qui marie harmonieusement histoire, patrimoine et plaisirs estivaux.

Son nom même, évoquant la rencontre entre la terre et la mer, reflète l'essence même de cette ville côtière dynamique. Au XIXe siècle, Palavas-les-Flots est devenue une destination balnéaire prisée, attirant la haute société en quête de bains de mer et de promenades en bord. Les riches villas qui bordent encore aujourd'hui le front de mer témoignent de cette époque faste. Le patrimoine de Palavas-les-Flots est également marqué par son passé de village de pêcheurs. Le port, avec ses bateaux colorés et son ambiance animée, est le cœur battant de la ville. Chaque matin, les pêcheurs débarquent leur précieuse cargaison de poissons et de fruits de mer frais, qui ravissent les papilles des habitants et des visiteurs dans les nombreux restaurants de la ville. Parmi les lieux à visiter à Palavas-les-Flots, le phare de la Méditerranée est l'une des attractions les plus emblématiques. Construit au XIXe siècle, ce phare majestueux offre une vue panoramique spectaculaire sur la côte et l'arrière-pays. Les amateurs d'histoire apprécieront également une visite au musée Albert Dubout, dédié à l'artiste local célèbre pour ses dessins humoristiques. Bien sûr, la principale attraction de Palavas-les-Flots reste ses plages de sable doré. Étendues sur plusieurs kilomètres, elles offrent un cadre idyllique pour se détendre, se baigner et pratiquer une multitude d'activités nautiques, du surf au jet-ski en passant par la voile. Enfin, comment parler de Palavas-les-Flots sans évoquer les fruits de mer frais, pêchés du jour, qui sont à l'honneur dans les nombreux restaurants de la ville. Les amateurs de gastronomie pourront déguster des plateaux de fruits de mer copieux, accompagnés d'un verre de muscat, tout en admirant le coucher de soleil sur la mer Méditerranée.

LA ROUTE

Au départ de Palavas, rejoindre Vendargues puis Teyran et Guzargues pour récupérer la D26 vers Saint-Mathieu-de-Tréviers. On prendra ensuite la D17 vers Valflaunès puis direction les lacets vers Gourdou et bifurquer vers Ferrières-les-Verreries. Ensuite on empruntera le col de la Cardonille par la D986, avant de prendre la D1 et la D4 vers Causse-de-la-selle. On longera l'Héraut avant de passer par Saint-Guilhem-le-Désert, site exceptionnel avec les gorges du Verdon. Ensuite on emprunte la direction d'Aniane puis Gignac (le village pas le joueur de foot) avant de prendre la route de la Taillade vers Cournonterral avant de passer à côté de Mireval où se situe le circuit de développement de Dunlop pour ses pneus autos et motos, où il n'est pas rare que certains teams viennent faire des essais. Puis retour à Palavas.

LA MARQUE

Depuis sa fondation en 1969 en France, Furygan s'est imposée comme une référence incontestée, en matière de vêtements de protection en alliant innovation technologique et design élégant, assurant une protection optimale avec un style affirmé. De nombreux pilotes ont enfilé les cuirs frappés de la panthère à l'image de Johan Zarco. Si une partie de la production a dû être délocalisée, il reste encore de nombreuses étapes comme le design ou la fabrication des cuirs de pilotes sur place.

ST B30191

GARD
NÎMES

Fondée il y a plus de 2000 ans par les Romains, Nîmes est un véritable joyau d'architecture antique, imprégnée de légendes et de traditions.

En parcourant ses ruelles pavées, vous plongerez dans un voyage à travers le temps, découvrant les vestiges de son glorieux passé tout en appréciant les plaisirs de la vie moderne. Au cœur de Nîmes se dresse l'emblématique amphithéâtre romain, connu sous le nom des arènes de Nîmes. Construit au premier siècle apr. J.-C., cet impressionnant édifice était autrefois le théâtre de combats de gladiateurs et de spectacles grandioses. Aujourd'hui, il accueille des événements culturels et artistiques, perpétuant ainsi la tradition de divertissement qui anime la ville depuis des siècles. Non loin des arènes, le majestueux temple de Diane, également connu sous le nom de la Maison Carrée, témoigne de la grandeur de l'architecture romaine. Érigé au début du premier siècle, ce temple bien préservé est l'un des meilleurs exemples de l'architecture antique encore debout en France. Imprégnez-vous de son atmosphère mystique et laissez-vous transporter à l'époque glorieuse de l'Empire romain. Mais Nîmes ne se limite pas à son héritage romain. La ville regorge également de trésors médiévaux, comme la magnifique cathédrale Notre-Dame-et-Saint-Castor, un chef-d'œuvre de l'architecture gothique. Promenez-vous dans le quartier historique et découvrez les charmantes places ombragées, les fontaines gracieuses et les façades colorées qui témoignent du riche passé de la ville. En parlant de saveurs, Nîmes offre également une expérience culinaire inoubliable. Ne manquez pas de déguster la célèbre brandade de Nîmes, un plat à base de morue émiettée, de pommes de terre et d'huile d'olive, ainsi que la picholine, une variété d'olive typique de la région, réputée pour son goût délicat et sa texture croquante.

LA ROUTE

En partant de Nîmes, on prend la route vers Uzès que l'on ne rejoint pas, vu que l'on bifurque avant vers Sainte-Anastasie, puis Dion et La Calmette. On remonte vers Nozières puis la route de Nîmes jusqu'à Aigremont où il est temps de prendre la D907 vers Montagnac qui nous ramène ensuite vers Nîmes. Il est également possible de remonter vers les Cévennes et Alès (voir pages précédentes). Si d'aventures, l'idée vous dit de descendre vers Saintes-Maries-de-la-Mer, les paysages sont magnifiques, mais les routes plus linéaires.

L'ÉVÉNEMENT

Accueillant notamment 4 manches du championnat de France Superbike, le circuit de Lédenon figure parmi les plus connus du pays. Vallonné, très technique, il nécessite un gros cœur pour passer les nombreux virages en dévers. Le cadre est très appréciable puisque la piste se situe sur un plateau qui domine la région. Vous trouverez le circuit de Lédenon à 20 km de Nîmes et à 40 km d'Orange.

GARD
SAINT-AMBROIX

Située au cœur de la magnifique région du Gard, Saint-Ambroix est un véritable trésor chargé d'histoire, de culture et de saveurs, nichée entre les montagnes des Cévennes.

L'histoire de Saint-Ambroix remonte à l'Antiquité, où ce lieu était déjà un important centre commercial et artisanal. Fondée à l'époque romaine, elle conserve encore aujourd'hui les vestiges de ce riche passé, notamment avec les ruines de son ancien pont romain qui enjambait la Cèze. Promenez-vous dans les ruelles pavées et laissez-vous imprégner par l'atmosphère envoûtante des siècles passés. Parmi les lieux à ne pas manquer à Saint-Ambroix, la tour de l'Horloge se dresse fièrement au cœur de la ville. Datant du XIVe siècle, cette imposante tour offre un panorama spectaculaire sur les toits de la vieille ville et les paysages environnants. Flânez également dans le quartier médiéval et admirez les façades pittoresques des maisons anciennes, témoins du riche patrimoine architectural de la région. Mais Saint-Ambroix ne se limite pas à son passé historique, elle est aussi réputée pour ses délices culinaires. Les spécialités locales raviront les palais les plus exigeants, avec notamment la célèbre brandade de morue, un plat traditionnel à base de morue et de purée de pommes de terre, ainsi que la fougasse, une délicieuse variété de pain parfumé aux olives, aux herbes de Provence ou au fromage. Pour les amateurs de nature, les environs de Saint-Ambroix offrent également de nombreuses possibilités d'activités en plein air. Explorez les sentiers de randonnée qui serpentent à travers les collines verdoyantes des Cévennes, ou descendez la rivière en canoë-kayak pour une expérience rafraîchissante au cœur de la nature.

LA ROUTE

Comment n'en retenir qu'une ! Au cœur des Cévennes, ça tourne encore et encore. À proximité d'Alès, on peut choisir la route directe qui emmène vers Mende ou celles qui emmènent vers le col de la Croix des Vents, le col de la Baraque, le col de Lancise, le col d'Uglas, le col de Lamira... des petites routes qui tournicotent, pas toujours très bien revêtues et qui peuvent se montrer piégeuses, mais les panoramas valent le coup.

LE LIEU

Situé à la sortie d'Alès, le Pôle Mécanique d'Alès Cévennes propose une piste de vitesse de 2 500 mètres au tracé technique, mais aussi un vaste domaine forestier ouvert à la pratique de l'enduro et une piste annexe pouvant mêler asphalte et terre pour des courses mixtes. Le circuit est régulièrement ouvert pour des journées libres. On y retrouve aussi des événements comme le High Side Festival.

BOUCHES-DU-RHÔNE
CASSIS

Niché entre les collines rocheuses et la mer scintillante de la Méditerranée, le village de Cassis en Provence est un lieu prisé des touristes, mais avec un charme intact.

Son passé riche remonte à l'Antiquité, lorsque les Grecs ont établi un comptoir commercial sur ses rives. Par la suite, les Romains ont laissé leur empreinte en cultivant les vignobles qui font aujourd'hui la renommée de la région. Les ruelles pittoresques de Cassis invitent à une promenade envoûtante à travers les siècles. Flâner dans le dédale de rues étroites bordées de maisons colorées à volets, c'est voyager dans le temps, découvrant à chaque coin de rue des vestiges du passé. La vieille ville, avec sa place ombragée par les platanes, offre un havre de fraîcheur où il fait bon s'attarder pour déguster un café en observant le rythme paisible de la vie provençale. Au cœur de Cassis se dresse fièrement son port pittoresque, où les bateaux de pêche côtoient les voiliers élégants. Les quais animés regorgent de cafés et de restaurants proposant des fruits de mer frais pêchés le matin même, offrant aux visiteurs une véritable symphonie de saveurs méditerranéennes. Ne manquez pas de déguster la célèbre bouillabaisse, un plat traditionnel de la région, ou de vous régaler avec les délicieuses tapenades et anchoïades accompagnées d'un verre de vin blanc local. Mais Cassis ne se résume pas qu'à son charme côtier. À quelques pas du port, les visiteurs peuvent découvrir les impressionnantes calanques, ces criques sauvages aux eaux turquoise bordées de falaises calcaires. Les amateurs de randonnée seront comblés par les sentiers escarpés qui offrent des panoramas à couper le souffle sur la Méditerranée et les îles au large.

LA ROUTE

En partant de Marseille (ou de Cassis) comment ne pas emprunter la mythique Gineste. Ça monte, ça tourne avec de grandes enfilades, entre montagnes et mer. De Cassis, on emprunte la D559, mythique route des Crêtes qu'il faudra prendre jusqu'à Bandol, en n'oubliant pas de s'arrêter comme tous les autres touristes pour admirer le point de vue sur les calanques à mi-parcours. Attention aux coups de vent !

LE LIEU

Le musée de la Moto à Marseille est sans doute l'un des plus grands de France. Avec plus de 200 modèles exposés dont la moto expérimentale unique, MGC N 34, équipée d'un moteur inspiré de l'aéronautique avec un 4 cylindres en ligne en position inversée. Le musée retrace toute l'histoire de la moto de 1900 à nos jours sur 4 niveaux dans une ancienne minoterie. Le décor est superbe, la gestion est municipale, une action à souligner et qui fait honneur à la cité phocéenne.

VAUCLUSE
AVIGNON

Avignon, la cité des papes, est une ville chargée d'histoire et d'une beauté envoûtante, nichée au cœur de la région ensoleillée de Provence, dans le sud de la France.

Son histoire remonte à l'Antiquité, lorsque les Romains établirent un camp militaire sur la colline rocheuse surplombant le Rhône. Mais c'est au XIVe siècle que la ville connut son apogée, devenant le siège de la papauté et accueillant sept papes successifs qui établirent leur résidence au sein du somptueux Palais des papes. Aujourd'hui, Avignon est un véritable musée à ciel ouvert, où chaque pierre raconte une histoire. Le Palais des papes, classé au patrimoine mondial de l'Unesco, est l'un des monuments les plus emblématiques de la ville. Cette imposante forteresse de pierre, avec ses tours imposantes et ses salles majestueuses, offre une plongée fascinante dans l'histoire médiévale de la papauté. Non loin du Palais des papes se dresse le célèbre pont d'Avignon, ou pont Saint-Bénézet, partiellement détruit par les caprices du Rhône, mais toujours impressionnant. Autrefois reliant Avignon à Villeneuve-lès-Avignon, ce pont évoque les légendes et les chansons populaires qui ont traversé les siècles. Mais Avignon ne se limite pas à son patrimoine historique. La ville regorge également de trésors culturels, comme le musée du Petit Palais, qui abrite une superbe collection de peintures médiévales et de sculptures. Les amateurs d'art contemporain trouveront leur bonheur au célèbre Festival d'Avignon, qui chaque été transforme la ville en un théâtre vivant, accueillant des artistes du monde entier. Enfin, comment parler d'Avignon sans évoquer sa délicieuse gastronomie ? Les spécialités locales ravissent les papilles avec leurs saveurs provençales uniques. Ne manquez pas de déguster la célèbre soupe au pistou, les succulentes olives de la région, ou les papalines, des bonbons fourrés à la crème de mûre inspirés par l'histoire papale de la ville.

LA ROUTE

Au départ d'Avignon, on récupère la D6100 puis la N100 et enfin la D11 direction Rochefort-du-Gard. On reste sur la D111 jusqu'à Valliguières, on remonte vers Pouzilhac puis on bifurque par la D982 vers Saint-Hippolyte-de-Montaigu puis Uzès. Pour ceux qui ne veulent pas aller au musée, au départ d'Avignon, direction l'est avec pas mal de routes vers des petits cols, mais aussi le Ventoux.

LE LIEU

Certes, Avignon et Uzès ne sont pas dans le même département, mais à quelques encablures seulement de la cité des papes, se trouve niché dans le parc du château du Boc, dessiné par Napoleon III, un petit musée qui ne manque pas de charme. On y retrouve au rez-de-chaussée l'histoire de la moto racontée par une trentaine de modèles d'exception comme des Majestic, Vincent, MV, Harley-Davidson, ou l'une des motos de Johnny. À l'étage, on pourra continuer la visite avec le musée du vélo et celui des enfants avec le grenier magique et mystérieux des animaux des fables de Jean de la Fontaine. Un lieu atypique en plein domaine viticole.

VAR
BANDOL

Nichée sur la côte méditerranéenne, Bandol évoque un mélange harmonieux entre histoire, paysages pittoresques et plaisirs gastronomiques.

Son passé, teinté d'Antiquité, révèle des origines anciennes, héritage des Ligures, des Grecs et des Romains. Cependant, c'est au XIXe siècle que Bandol a véritablement éclos, devenant une destination phare pour l'aristocratie européenne en quête de villégiature balnéaire. Au cœur de la ville, le Vieux-Port déploie son charme pittoresque, où bateaux de pêche et yachts de luxe se côtoient dans une ambiance animée. La plage centrale, réputée pour son sable fin et ses eaux cristallines, incite à la détente et aux plaisirs balnéaires. Les environs de Bandol regorgent de trésors à découvrir, notamment les célèbres calanques de Cassis, offrant des paysages spectaculaires de falaises plongeant dans des eaux turquoise. Les vignobles environnants sont une invitation à la découverte des vins réputés de la région, en particulier les vins rouges et rosés caractéristiques de Bandol. Côté gastronomie, Bandol excelle dans l'art de la cuisine provençale. Les fruits de mer frais, les poissons grillés et la soupe de poisson sont des incontournables à déguster lors d'un séjour dans la région. Et bien sûr, qui dit Bandol dit vin, avec ses crus renommés qui accompagnent à merveille chaque repas.

LA ROUTE

Forcément, comment ne pas faire l'emblématique route du Beausset qui vous emmène vers le circuit. Incontournable.
Au départ de Bandol, direction Le Plan du Castellet avant de bifurquer vers Sainte-Anne d'Évenos, puis Évenos et La Valette-du-Var. Ensuite on remonte vers Cuers, Rocbaron par la D44, puis Néoules, Méounes-lès-Montrieux, Signes, et retour au Camp du Castellet et Bandol.

LE LIEU/LES ÉVÉNEMENTS

Temple de la vitesse moto, le circuit Paul Ricard a longtemps hébergé la manche française du championnat du monde de vitesse, le Bol d'Or et même le championnat du monde Superbike (1989). Fermé pendant une dizaine d'années, le Castellet a rouvert en 2009 avec une nouvelle piste très réussie avec ses bandes colorées abrasives remplaçant les bacs à gravier dans les espaces de dégagement. Il est aujourd'hui accessible aux motos dans le cadre de roulages organisés et de stages de pilotage et y accueille à nouveau tous les ans l'emblématique course d'Endurance du Bol d'Or.

ALPES-DE-HAUTE-PROVENCE
BARCELONNETTE

Située dans la vallée de l'Ubaye, au cœur des montagnes françaises, Barcelonnette est une destination incontournable de la région Provence.

Fondée en 1231 par Raimond Bérenger V, comte de Provence, la ville connaît la prospérité au XIXe siècle grâce aux relations commerciales avec le Mexique. Barcelonnette tire son nom de la ville de Barcelone, en Espagne, en référence aux origines de ses fondateurs. La ville connaît une période de prospérité au XIIIe siècle en tant que place forte stratégique. Au XIXe siècle, de nombreux habitants de Barcelonnette émigrent au Mexique, y connaissent un grand succès économique et, de retour en France, investissent leur fortune dans la construction de somptueuses villas de style mexicain, encore visibles aujourd'hui. Le musée de la Vallée, installé dans une ancienne maison de maître, offre un voyage à travers l'histoire et les traditions de la vallée de l'Ubaye. L'Église Saint-Pierre-et-Saint-Paul, construite au début du XIXe siècle, est un bel exemple d'architecture religieuse avec son clocher élancé et ses fresques intérieures. À quelques kilomètres de Barcelonnette, le parc national du Mercantour offre des paysages naturels exceptionnels, propices à la randonnée, au ski et à l'observation de la faune et de la flore alpines. Pour les gourmands, les tourtons, ces petits beignets fourrés, sucrés ou salés ou la tomme de l'Ubaye, fromage à pâte pressée non cuite sont à déguster sans modération.

LA ROUTE

Le col de la Bonette

L'une des plus hautes routes d'Europe, le col de la Bonette est une destination incontournable. À son sommet, à 2 715 mètres d'altitude, on peut profiter d'une vue panoramique à couper le souffle sur les Alpes. Au départ de Barcelonnette, on longe l'Ubaye et une fois arrivé à Jausiers, on prend la direction du col, 25 kilomètres de virages !

L'ÉVÉNEMENT

L'Alpes Moto Festival se tient chaque année en septembre à Barcelonnette, où pendant trois jours, les visiteurs peuvent participer à des essais de motos, des balades guidées à travers les magnifiques paysages alpins, et des démonstrations. Le festival propose également un véritable salon en plein air ainsi que des rencontres avec des professionnels et des passionnés.

ALPES-DE-HAUTE-PROVENCE
ENTREVAUX

Entrevaux, nichée dans les contreforts des Alpes de Haute-Provence, est une perle d'histoire et de patrimoine.

Son nom même, « Entrevaux », évoque sa position entre deux eaux, perché entre les gorges du Var et les montagnes qui l'entourent. Si l'histoire d'Entrevaux remonte à l'Antiquité, c'est au Moyen Âge qu'elle se distingue vraiment. Forteresse imprenable, la cité médiévale d'Entrevaux a été construite au XIe siècle sur les ordres de l'empereur Frédéric Barberousse. Son imposante citadelle réalisée par Vauban domine la vallée, offrant une vue imprenable sur les environs. Les remparts, les tours de guet et les bastions témoignent de son passé militaire mouvementé, marqué par des sièges et des batailles. Le cœur de la ville est un dédale de ruelles pavées, de passages voûtés et de maisons en pierre aux façades colorées. La cathédrale Notre-Dame-de-l'Assomption, datant du XVIIe siècle, est un exemple impressionnant d'architecture baroque provençale. À l'intérieur, ses ornements dorés, ses fresques et ses sculptures valent le détour. Mais Entrevaux ne se résume pas qu'à son passé militaire. Les amoureux de la nature seront comblés par les nombreux sentiers de randonnée qui serpentent à travers les collines environnantes, offrant des panoramas à couper le souffle sur les Alpes et la Méditerranée. Enfin, comment parler d'Entrevaux sans évoquer ses délices culinaires : l'agneau de Sisteron, les fromages de chèvre des Alpes-de-Haute-Provence, les fruits et légumes frais des marchés locaux, sans oublier les vins renommés de la région sont autant de trésors gastronomiques à savourer lors d'une visite à Entrevaux.

LA ROUTE

Au départ d'Entrevaux, on emprunte la D911 avec au programme le col de Félines, le Coulet du Ribier puis le col du Buis à 1200 mètres qui se trouve sur la D211 direction Briançonnet. On se dirige ensuite vers Saint-Auban vers Malamaire avec le col des Lattes notamment. Une fois Villaute rejoint, on emprunte la D6085 que l'on quitte ensuite pour la D563 vers Seillans. La D19 qui passe par Bargemon puis la D955, puis la D952 par Castellane fera vivre encore quelques passages de cols et enchaîner les virages serrés. La vue sur Saint-Julien-du-Verdon et son lac est immanquable avant de reprendre la direction de Vergons par la N202 et le passage du col de Toutes Aures puis revenir sur Entrevaux.

LE LIEU

Niché au cœur de la cité, le musée de la Moto d'Entrevaux présente quelque 100 modèles de deux-roues, en parfait état de marche, présentés simplement posés sur leurs béquilles ou accrochés aux cimaises du musée comme des tableaux de maîtres anciens. Les 105 motos sont disposées sur 3 niveaux, par époque chronologique :

- modèles de 1910 à 1948 au rez-de-chaussée
- modèles de 1950 à 1960 au premier étage
- et modèles des années 1970-1980 dans un sous-sol créé en 2021, pour honorer les 40 années de ce musée !

HAUTES-ALPES
SAINT-VERAN

Plus haut village habité en permanence d'Europe, Saint-Véran est un village typique de montagne situé dans le Queyras.

L'histoire de Saint-Véran s'est développée au Moyen Âge, quand saint Véran, évêque de Cavaillon au VIe siècle, arrive sur place. Le village prospère grâce à l'agriculture et à l'élevage, mais aussi grâce à l'exploitation minière, notamment du cuivre. Au fil des siècles, Saint-Véran a su préserver son architecture traditionnelle, avec ses maisons en pierre et en bois, ses toits de lauze et ses fameuses « fustes », des maisons en bois construites selon des techniques ancestrales. Flâner dans les ruelles de Saint-Véran est une expérience en soi. Le village est parsemé de maisons typiques, de fontaines anciennes et de cadrans solaires colorés. Les maisons, souvent décorées de sculptures en bois, offrent un véritable voyage dans le temps. On peut y visiter le musée du Soum, installé dans une ancienne maison traditionnelle, qui offre un aperçu de la vie quotidienne des habitants de Saint-Véran au cours des siècles. Les expositions présentent des objets du quotidien, des outils agricoles et des costumes traditionnels. Saint-Véran est également un point de départ idéal pour de nombreuses randonnées dans le parc naturel régional du Queyras. En été, les sentiers mènent à des paysages alpins spectaculaires, des lacs glaciaires et des sommets offrant des vues panoramiques. En hiver, le village se transforme en station de ski, proposant du ski de fond, des raquettes et des pistes de ski alpin adaptées à tous les niveaux. Grâce à son ciel particulièrement pur et dépourvu de pollution lumineuse, Saint-Véran abrite un observatoire astronomique ouvert au public. Des soirées d'observation sont organisées, permettant de découvrir les merveilles du ciel étoilé. La région offre de belles spécialités comme le fromage de chèvre, les tourtons, de délicieux beignets farcis typiques du Queyras. Ils peuvent être sucrés, remplis de purée de pommes ou de prunes, ou salés, garnis de pommes de terre, de fromage ou d'épinards. La caisse des Alpes est un gâteau traditionnel de la région, préparé avec de la farine de seigle, des fruits secs et du miel. Ce gâteau nourrissant était autrefois emporté par les bergers lors de leurs transhumances. Et bien évidemment, le miel de montagne, produit dans les alpages environnants, est réputé pour sa saveur unique, reflétant la richesse florale des prairies alpines.

LA ROUTE

Au départ de Briançon, on emprunte la D902 en direction de Cervières puis vers le col de l'Izoard est ses 2 360 mètres, où ses nombreux lacets font le plaisir des cyclistes également. On emprunte ensuite la D947 vers Château-Queyras. La D5 vous emmène ensuite vers Saint-Véran. Village cul-de-sac, il faudra faire demi-tour pour revenir ensuite.

L'ÉVÉNEMENT

Chaque année, au cœur de l'hiver, les motards passionnés se réunissent dans le petit village de Saint-Véran, perché dans les Hautes-Alpes, pour participer à un événement unique en son genre : le rassemblement moto des Pingouins.
Cet événement, qui se tient traditionnellement au mois de janvier, attire des motards venus de toute la France et même au-delà pour partager leur passion dans un cadre exceptionnel.

HAUTE-CORSE
PIETRACORBARA

Pietracorbara, un village pittoresque niché dans le cap Corse, offre un charme authentique entouré de montagnes et bordé par la mer.

Pietracorbara tire son nom de ses roches (« pietra » en corse) et de la rivière qui le traverse (« corbara »). L'histoire du village remonte à l'époque romaine, mais c'est surtout au Moyen Âge qu'il connaît un développement notable. Il a longtemps été un lieu de passage stratégique et un centre agricole important. La présence de tours génoises, construites pour se défendre contre les invasions, témoigne de son passé tumultueux. Construite au XVIIe siècle, l'église Saint-Clément est un bel exemple de l'architecture religieuse corse. Son intérieur baroque est orné de fresques et de statues anciennes, et elle abrite également un orgue remarquable. Les tours génoises, dispersées le long de la côte et dans les collines, sont des vestiges impressionnants de l'époque où la République de Gênes dominait la région. Ces tours de guet offraient une protection contre les pirates et les envahisseurs. Avec son sable fin et ses eaux cristallines, la plage de Pietracorbara est idéale pour la baignade et les activités nautiques. Elle est également parfaite pour les promenades et les pique-niques, offrant une vue magnifique sur la mer Méditerranée. Pietracorbara est également entouré de sentiers de randonnée qui traversent des paysages variés, des montagnes verdoyantes aux vallées fleuries. Ces sentiers offrent des vues panoramiques exceptionnelles sur le cap Corse et sont parfaits pour les amateurs de nature et de marche. On emportera pour les pique-niques un peu de prisuttu, un jambon sec, fabriqué de manière artisanale, il se caractérise par son goût délicat et sa texture fondante, accompagné d'un fromage de brebis et de quelques canistrelli, ces biscuits secs typiques qui se déclinent en plusieurs saveurs : citron, amande, anis.

LA ROUTE

Et quelle route, ni station-service ni quoi que ce soit... Au départ du port de Bastia, direction le cap Corse par le littoral et la D80 jusqu'au moulin Mattei, puis la D80 jusqu'à Saint-Florent. Ensuite on emprunte la D81 et ensuite la T30 jusqu'à L'Île-Rousse. On pousse ensuite par le désert des Agriates, magistral, aride, avec des virages sans cesse entre mer et terre. Un régal... sauf pour les pneumatiques.

CORSE-DU-SUD
PORTICCIO

Charmante station balnéaire située sur la rive sud du golfe d'Ajaccio, en Corse-du-Sud, Porticcio est une destination prisée pour ses plages idylliques, son ambiance conviviale et sa proximité avec des sites historiques et naturels remarquables.

L'histoire de Porticcio est intimement liée à celle de la région d'Ajaccio. Bien que le village en lui-même soit relativement récent en tant que station balnéaire, la région a une histoire qui remonte à l'époque romaine, comme en témoignent les vestiges archéologiques trouvés dans les environs. Au fil des siècles, Porticcio a évolué d'un petit village de pêcheurs et d'agriculteurs en une destination touristique florissante, surtout à partir du milieu du xxe siècle grâce à ses plages de Porticcio, telles que la plage de la Viva et la plage d'Agosta, réputées pour leur sable fin et leurs eaux cristallines. À Porticcio, on visitera la tour de Capitello, cette tour génoise, date du xvie siècle, vestige du système défensif construit par les Génois pour protéger la Corse des invasions. Située sur un promontoire rocheux, elle offre une vue panoramique spectaculaire sur le golfe d'Ajaccio. À seulement quelques kilomètres de Porticcio, la ville d'Ajaccio, lieu de naissance de Napoléon Bonaparte, offre de nombreuses attractions. Parmi elles, la Maison Bonaparte, transformée en musée, et la cathédrale Notre-Dame-de-l'Assomption où Napoléon fut baptisé. Le marché central d'Ajaccio est également un endroit idéal pour découvrir les produits locaux et l'ambiance corse. On termine enfin par les îles Sanguinaires, avec ses couchers de soleil magnifiques. Un court trajet en bateau permet de les visiter. On se régalera avec le brocciu, un fromage frais traditionnel corse à base de lait de brebis ou de chèvre, quelques tranches de figatellu, saucisse de foie de porc typiquement corse, qui est souvent grillé et servi avec de la polenta ou du pain frais. Et enfin quelques canistrelli, ces délicieux biscuits croquants, se déclinant en plusieurs saveurs comme le citron, l'anis ou l'amande.

LA ROUTE

Au départ d'Ajaccio, on prend la D55 jusqu'à Serra-di-Ferro puis la D157 jusqu'à Propriano.

Et enfin la T40 via Sartène et jusqu'à Figari. On prendra également la D111 au départ d'Ajaccio, une route en cul-de-sac pour aller admirer les couchers de soleil en face des îles Sanguinaires.

CORSE-DU-SUD
BONIFACIO

Fondée en 828 par le marquis Boniface II de Toscane, Bonifacio est célèbre pour ses falaises de calcaire blanc et son port naturel, qui en font une destination prisée des voyageurs.

Depuis sa fondation, la ville a connu diverses dominations, notamment génoise, qui ont laissé des traces indélébiles dans son architecture et sa culture. La citadelle, érigée au XIIe siècle, est un témoin majeur de cette époque. Elle a été fortifiée pour résister aux invasions et protège encore aujourd'hui le cœur historique de la ville. Les remparts et les bastions offrent des vues imprenables sur la mer Méditerranée et son vieux port. Passage obligé, l'escalier du roi d'Aragon, impressionnant de 187 marches taillées dans la roche, qui plonge directement dans la mer. Selon la légende, il aurait été creusé en une seule nuit par les troupes du roi d'Aragon lors du siège de la ville. Sur place, il ne faut pas rater les grottes marines de Bonifacio, accessibles en bateau, avec la grotte de Sdragonato, et son ouverture en forme de dragon, ou la grotte de Saint-Antoine. On dégustera forcément le brocciu, fromage frais emblématique de la Corse, fabriqué à partir de lait de brebis ou de chèvre. Il peut être dégusté frais ou affiné, et se retrouve dans de nombreux plats corses, comme les omelettes, les beignets ou les desserts. La charcuterie corse, réputée pour sa qualité, comprend des produits comme le prisuttu (jambon sec), le figatellu (saucisse de foie) et la coppa (échine de porc séchée). Ces délices sont souvent accompagnés de pain frais et de vin local. On finira par les canistrelli, biscuits secs typiques de la région, souvent aromatisés au citron, à l'anis ou aux amandes.

LA ROUTE

La Corse n'a pas un tissu routier étendu. Au départ de Bonifacio, on emprunte la T10 jusqu'à Porto-Vecchio, puis la D368 jusqu'à Zonza et enfin la D268 jusqu'à Sari-Solenzara et sa formidable plage. On pourra revenir ensuite par la route de la côte. Attention, si les distances peuvent paraître courtes, le temps passé est parfois à rallonge. Prévoyez également bien les ravitaillements.

HAUTE-CORSE
CALVI

Perle de la Balagne en Haute-Corse, Calvi est une ville à l'histoire fascinante, dotée de paysages époustouflants et riche en spécialités locales.

Fondée selon la légende par des Phocéens venus de Marseille, elle a traversé les siècles en laissant de nombreux témoignages de son passé glorieux avec une histoire intimement liée à la République de Gênes, qui a dominé la ville du XIIIe au XVIIIe siècle. La citadelle, emblème de Calvi, fut construite par les Génois pour protéger la ville des invasions. Selon la tradition, Calvi serait également le lieu de naissance de Christophe Colomb, bien que cela soit encore débattu par les historiens. En 1794, la ville résista héroïquement aux attaques britanniques dirigées par l'amiral Nelson. Perchée sur un promontoire rocheux, la citadelle offre des vues imprenables sur la mer et les montagnes environnantes. En flânant dans ses ruelles pavées, les visiteurs découvrent des maisons anciennes, des églises et des remparts bien conservés. La citadelle abrite également l'oratoire Saint-Antoine, décoré de fresques baroques, et le palais des Gouverneurs génois. La cathédrale Saint-Jean-Baptiste, située au cœur de la citadelle, a été bâtie au XIIIe siècle avec architecture romane et intérieur richement décoré. Elle abrite notamment une statue en bois du Christ des Miracles, vénérée par les habitants de Calvi. Le port de Calvi est un lieu animé où se mêlent yachts luxueux et bateaux de pêche traditionnels. Bordé de cafés, de restaurants et de boutiques, il offre une ambiance méditerranéenne typique, idéale pour se détendre et savourer la vie locale. Tout comme les plages qui s'étendent sur plusieurs kilomètres, réputées pour son sable fin et ses eaux cristallines. Comme un peu partout en Corse, on déguste le figatellu, cette une saucisse de foie de porc, typique de la cuisine corse. Il est souvent grillé et servi avec de la polenta ou du pain frais. Le brocciu, fromage frais fabriqué à partir de lait de brebis ou de chèvre, est un incontournable de la gastronomie corse. Enfin les canistrelli accompagnent parfaitement un café ou un vin doux local.

LA ROUTE

Au départ de Calvi, direction L'Île Rousse en passant par la D452 Montemaggiore, Cateri, Aregno, et Pigna, puis la D151 « Route des Artisans » qui nous amène à L'Île Rousse. Dans l'autre sens, toujours au départ de Calvi, on prendra la D81 via Galeria, Porto, Piana, Cargèse, jusqu'à Ajaccio.

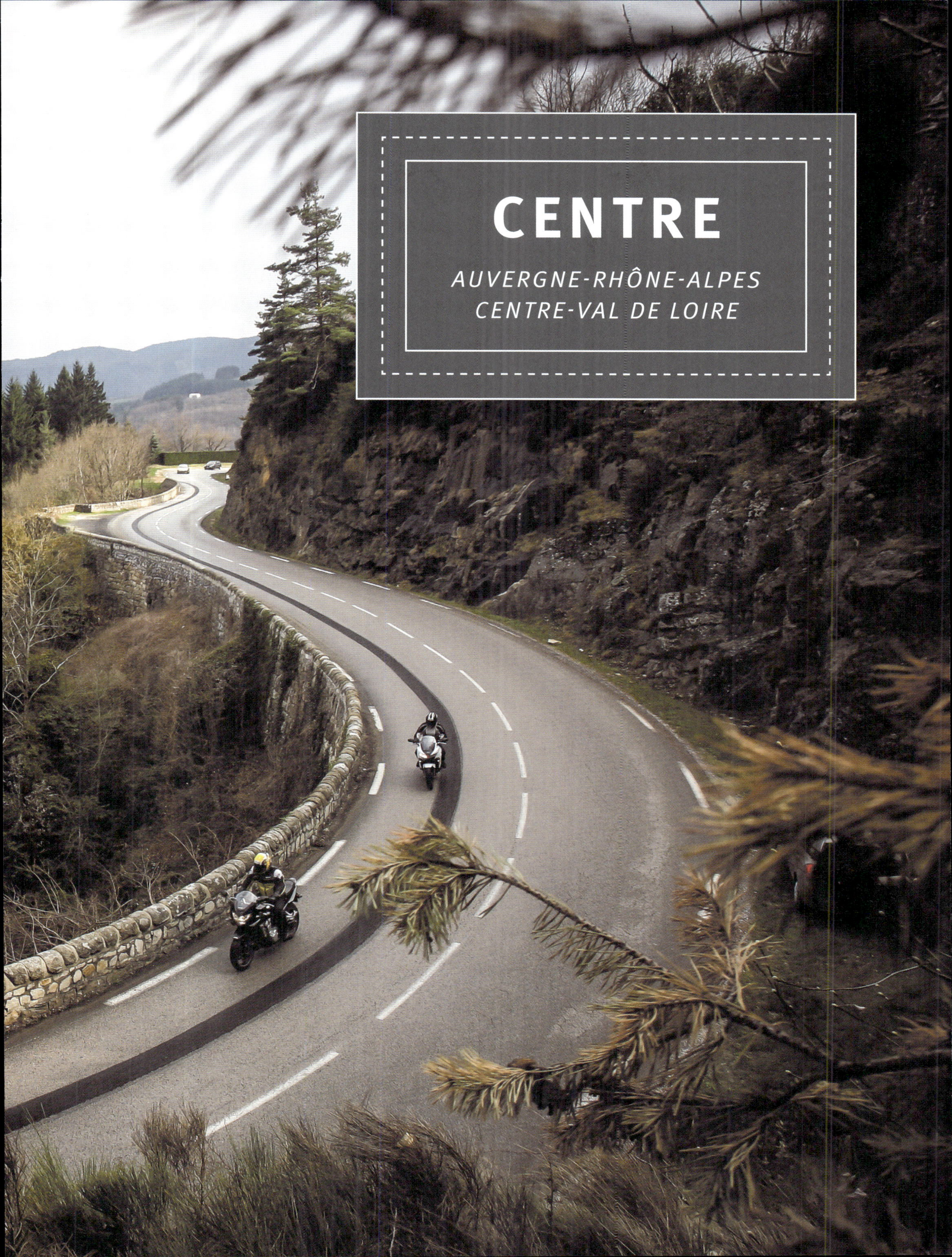

CENTRE

AUVERGNE-RHÔNE-ALPES
CENTRE-VAL DE LOIRE

ARDÈCHE
BALAZUC

Balazuc, située en Ardèche, est un village médiéval classé parmi les plus beaux de France. Niché sur une falaise surplombant la rivière Ardèche, ce village pittoresque offre un cadre unique et enchanteur.

Les ruelles étroites et pavées de Balazuc mènent à des maisons anciennes, certaines datant du XIe siècle, construites en pierre locale. Les visiteurs peuvent se promener dans le village pour découvrir des places cachées, des fontaines et des bâtiments historiques, comme l'église romane Sainte-Madeleine, qui date du XIIe siècle. Le château de Balazuc, bien que partiellement en ruines, domine le village et offre une vue imprenable sur la rivière et les collines environnantes. Les visiteurs peuvent également explorer les anciennes portes fortifiées du village, témoignages de son passé médiéval. Les berges de l'Ardèche sont un lieu de détente pour les visiteurs, avec des plages de galets et des eaux propices à la baignade, au canoë-kayak et à d'autres activités nautiques. La région environnante est également idéale pour les randonnées et les balades à vélo. Côté gastronomie, Balazuc propose des spécialités locales savoureuses. Les visiteurs peuvent déguster des plats à base de châtaignes, ingrédient traditionnel de la cuisine ardéchoise. Les vins de l'Ardèche, notamment les rouges robustes et les blancs fruités, sont également à goûter. Les fromages de chèvre, tels que le picodon, sont une autre spécialité locale appréciée. Les marchés locaux offrent une occasion de découvrir ces produits régionaux, ainsi que des charcuteries, des confitures et d'autres délices artisanaux.

LA ROUTE

De Balazuc, on remonte par la D104 avant de bifurquer vers Largentière en passant par Montréal. Photo souvenir pour cette téléportation sur le continent américain. Ensuite on remonte encore vers le col de la Croix de Millet en plein cœur de la forêt domaniale du Tanargue. La D5 vous emmène virage après virage vers Pont-de-Labeaume où il est possible de récupérer la nationale N102 qui longe l'Ardèche et vous ramène vers Aubenas.

L'ÉVÉNEMENT

Le Castagn'hard a été créé par le Moto-club de Privas pour s'inscrire dans le très relevé et spectaculaire championnat d'Enduro Extrême. Ces courses qui se réalisent à la nuit tombée sont semées d'obstacles variés. Les organisateurs aiment tester les pilotes en les emmenant dans des zones difficiles avec des montées abruptes ou des descentes vertigineuses, exploitant les différences de dénivelé. En fonction des régions, les pilotes peuvent aussi être confrontés à des pierriers naturels. Certains obstacles comme des troncs d'arbre sont rajoutés pour augmenter la difficulté. Dans la plus pure tradition de la Gilles Lalay Classic.

ARDÈCHE
TOURNON-SUR-RHÔNE

Tournon-sur-Rhône, charmante ville située en Ardèche, est nichée sur les rives du Rhône face à la ville de Tain-l'Hermitage. Cette ville offre une expérience unique, mêlant histoire, culture et gastronomie.

Le château de Tournon, édifice médiéval impressionnant, domine la ville et offre une vue panoramique sur le Rhône et les vignobles environnants. Le château abrite un musée où les visiteurs peuvent découvrir l'histoire locale, des expositions d'art et une belle collection de bateaux en bois. Le pont Marc-Seguin, un pont suspendu datant du XIXe siècle, est un monument historique important. Il relie Tournon-sur-Rhône à Tain-l'Hermitage et offre une promenade agréable avec des vues magnifiques sur le fleuve. Les rues pavées du centre historique sont bordées de maisons anciennes et de boutiques pittoresques. Les visiteurs peuvent flâner dans les ruelles et découvrir des places charmantes, des fontaines et des monuments historiques. Côté gastronomie, Tournon-sur-Rhône propose des spécialités locales délicieuses. Les vins de la région, notamment ceux des appellations Saint-Joseph et Crozes-Hermitage, sont célèbres dans le monde entier et offrent des rouges robustes et des blancs délicats. La ville est également réputée pour ses produits du terroir, comme la charcuterie, les fromages de chèvre et les noix de l'Ardèche. Les visiteurs peuvent découvrir ces spécialités dans les marchés locaux ou dans les restaurants proposant une cuisine régionale. Enfin, les rives du Rhône offrent de belles promenades et des activités nautiques, comme la croisière fluviale, pour profiter de la beauté naturelle de la région.

LA ROUTE

La montée des vins et les forêts du Vivarais offrent une route idéale. Au départ de Tournon-sur-Rhône, prendre la direction de Lamastre par D534 puis on enchaîne par Lamastre vers Alboussière par la D533. Surtout, ne manquez pas de descendre jusqu'à Saint-Péray par D533 puis remontez ! Ensuite on prend la liaison entre Alboussière et Vernoux-en-Vivarais par D533 puis D14 avant de se rendre à Vernoux-en-Vivarais puis Beauchastel par la D21.

LE LIEU

En remontant de Tournon-sur-Rhône en longeant le fleuve en moins de 25 minutes, vous retrouvez le village moto de Valence avec toutes ses enseignes avec de nombreuses marques de motos et d'accessoires, ainsi que des restaurants.
Ce nouveau pôle créé en 2022 réalise de nombreuses animations tout au long de l'année avec des portes ouvertes, des essais, des concerts, et des balades dans la région.

CANTAL
SALERS

Classé parmi les plus beaux villages de France, Salers est réputé pour son architecture médiévale bien préservée, ses paysages naturels pittoresques et sa riche culture locale.

Perché sur un plateau volcanique à plus de 900 mètres d'altitude, il offre des vues panoramiques sur les montagnes environnantes et les vallées verdoyantes. Les maisons en pierres volcaniques et les toits en ardoise lui confèrent un caractère authentique et une atmosphère intemporelle. En visitant Salers, vous pourrez découvrir des sites remarquables tels que la place Tyssandier-d'Escous, entourée de belles demeures anciennes, ou encore le château de Salers, datant du XVe siècle. Les ruelles pavées et les bâtiments historiques contribuent au charme de ce village. La région de Salers est également réputée pour ses spécialités culinaires locales. L'une des plus célèbres est le fromage de Salers, fabriqué à partir du lait des vaches locales de race Salers. Ce fromage a une saveur riche et distinctive, et il est utilisé dans de nombreux plats régionaux. Parmi les autres spécialités locales, on trouve la truffade, un plat à base de pommes de terre et de fromage fondu, ainsi que la potée auvergnate, un ragoût de légumes et de viande. Les salaisons, telles que le jambon de pays, font également partie des délices à déguster dans la région. Enfin, Salers est un point de départ idéal pour des randonnées dans le parc naturel régional des volcans d'Auvergne, offrant ainsi de nombreuses possibilités de découvertes en pleine nature.

LA ROUTE

Difficile de retenir une route en particulier, ça tourne à peu près partout, au milieu de vastes prairies, de monts dégarnis et de bois épais. De Salers, on prendra tout de même la D35 pour passer le col de Légal puis la D246 vers le col du Pertus. Les essayeurs de *Moto Journal* apprécient particulièrement le petit village de Pailherols où l'Auberge des Montagnes accueille avec une rare bienveillance les motards amateurs de bonnes tables.

L'ÉVÉNEMENT

Le Trial Club Saint Mamet, qui organise Les 3 Jours du Cantal, organise également Les 3 Jours de la Truyère, aussi appelée L'Hivernale des Trialistes. Cette compétition internationale de moto trial se déroule à Entraygues-sur-Truyère dans le Nord-Aveyron. L'épreuve regroupe plus de 300 pilotes européens et tient lieu de finale du Trophée de France des Classiques de Trial.

CANTAL
AURILLAC

Aurillac se situe entre plaine et montagne, à environ 630 mètres d'altitude. Nichée au pied des monts du Cantal et traversée par la rivière Jordanne, cette ville historique a su conserver son patrimoine authentique.

Cette ville dynamique, préfecture du département du Cantal, située au cœur de la région d'Auvergne-Rhône-Alpes, est réputée pour son histoire riche, son patrimoine architectural, sa scène culturelle animée et ses spécialités culinaires uniques. Le centre historique d'Aurillac regorge de sites intéressants à découvrir. Vous pouvez vous promener dans les ruelles pittoresques de la vieille ville, bordées de maisons à colombages et de bâtiments médiévaux. La place du Square, avec sa fontaine et ses cafés, est un lieu de rencontre populaire. L'église Saint-Géraud, construite au XIIIe siècle, est un exemple remarquable de l'architecture gothique de la région. Le château Saint-Étienne, aujourd'hui transformé en musée, est également un incontournable d'Aurillac. Il abrite des collections d'objets d'art et d'histoire locale, offrant un aperçu fascinant du passé de la ville. Aurillac est également connue pour son festival international de théâtre de rue, qui se tient chaque année en août. Cet événement attire des artistes du monde entier et transforme la ville en une scène géante pour des performances artistiques de toutes sortes. Côté gastronomie, Aurillac est le lieu idéal pour découvrir les spécialités locales du Cantal. La région est réputée pour son fromage AOP, le cantal, qui se décline en différentes variétés selon son affinage. Vous pourrez déguster ce fromage dans de nombreux plats régionaux ou l'acheter dans les marchés locaux. Le boudin d'Aurillac est une autre spécialité locale à ne pas manquer. Ce boudin noir est fabriqué avec du sang de porc, des épices et des oignons, et il est très apprécié dans la région. Enfin, Aurillac offre de nombreuses possibilités de randonnées et d'excursions dans les paysages naturels environnants, notamment dans le parc naturel régional des volcans d'Auvergne. Les collines et vallées verdoyantes sont propices à la découverte de la faune et de la flore locales.

LA ROUTE

Le coin d'Aurillac regorge de routes qui tournent encore et encore. On peut vous proposer une belle balade au cœur du Cantal en empruntant la N122 direction Murat. On pousse ensuite jusqu'à Saint-Flour où on évitera de récupérer l'autoroute pour emprunter la D909 qui nous amène au viaduc de Garabit. Un majestueux pont réalisé par Gustave Eiffel.

L'ÉVÉNEMENT

Fans de musique, de motos et voitures américaines et fiers de leur magnifique département le Cantal, les membres de l'association CANTA'L ROCK organisent chaque année dans le cadre magnifique de la station du Lioran (15) un festival qui vaut le détour, avec notamment des concerts avec des artistes reconnus comme Little Bob. Vous pourrez flâner parmi les nombreux stands en admirant le Plomb du Cantal, profiter des animations tout au long des deux journées, assister aux nombreux concerts et contempler le BIKE SHOW CONTEST (Chopper, Café Racer, etc.).

PUY-DE-DÔME
CLERMONT-FERRAND

Clermont-Ferrand, située dans la région Auvergne-Rhône-Alpes, est nichée entre la chaîne des Puys et les monts du Livradois, offrant des paysages naturels magnifiques ainsi qu'un patrimoine architectural remarquable.

L'un des symboles de la ville est la cathédrale Notre-Dame-de-l'Assomption, construite en pierre de lave noire de Volvic. Cette cathédrale gothique attire les visiteurs par sa façade imposante et ses vitraux colorés. Le centre historique de Clermont-Ferrand est animé et pittoresque. Les rues pavées et les places, telles que la place de Jaude, sont bordées de bâtiments élégants, de boutiques et de cafés. La basilique Notre-Dame-du-Port, classée au patrimoine mondial de l'Unesco, est un autre joyau architectural à découvrir. Le musée d'Art Roger-Quilliot propose une riche collection d'œuvres d'art, allant de l'Antiquité au XXe siècle, et le musée Henri-Lecoq offre un aperçu de l'histoire naturelle et des sciences. Les amateurs de nature apprécieront une visite au parc Montjuzet qui offre des vues panoramiques sur la ville et les volcans environnants, ainsi que le parc des Volcans, où l'on peut s'aventurer dans les paysages volcaniques des alentours. En matière de gastronomie, Clermont-Ferrand propose des spécialités locales savoureuses. La région est connue pour ses fromages, notamment le saint-nectaire, le cantal et le bleu d'Auvergne. La charcuterie, comme la saucisse sèche d'Auvergne et le jambon d'Auvergne, est également très appréciée. Les plats traditionnels incluent la truffade, à base de pommes de terre et de fromage, et la potée auvergnate, un plat copieux à base de chou et de viande. Les lentilles vertes du Puy, réputées pour leur saveur unique, sont une autre spécialité régionale, sans oublier les vins avec l'appellation Côtes d'Auvergne.

LA ROUTE

Le circuit de Charade, au cœur de l'Auvergne, est un des circuits français les plus chargés en histoire puisque les premiers tracés datent de 1908. Le premier « vrai » circuit moderne est inauguré en 1958 et compte pas moins de 52 virages sur plus de 8 km en recevant 10 Grands-Prix de France de Moto entre 1959 et 1974. « Le plus beau circuit du monde » selon Sir Stirling Moss qui a vu s'affronter les plus grands pilotes sur un tracé initial de 8,055 km, raccourci à 3,975 km en 1989 pour des raisons de sécurité. Quelques manifestations organisées par le circuit permettent de rouler à nouveau dessus, sans recherche de performance, juste pour prendre la mesure de ce formidable toboggan.

LE LIEU

L'Aventure Michelin est le musée consacré au groupe Michelin situé à Clermont-Ferrand. Inauguré le 23 janvier 2009, il raconte sur 2 000 m^2 l'histoire, le patrimoine et les produits industriels du groupe. La marque, née sous l'impulsion d'Édouard et André Michelin, a su s'adapter à l'évolution de la mobilité, en passant par l'aviation et la Micheline ; la passion des sports et de la compétition, d'un Paris-Brest cycliste à un des plus célèbres clubs de rugby au monde, des records dans l'air ou des challenges sur routes, du premier pneu démontable au matériel sportif, sans oublier les fameux guides ou les panneaux de signalisation en lave.

PUY-DE-DÔME
ISSOIRE

Située à 35 kilomètres de Clermont-Ferrand, Issoire a déjà un parfum de Sud. Parmi les lieux incontournables à visiter, on trouve l'abbatiale Saint-Austremoine. Cette église romane, datant du XIIe siècle, est un chef-d'œuvre de l'architecture auvergnate, avec ses façades ornées de motifs sculptés et ses magnifiques voûtes peintes. Les couleurs vives de son intérieur en font un lieu unique à découvrir.

Le centre historique est également un lieu charmant pour se promener. On y découvre des rues pavées bordées de maisons colorées, ainsi que des boutiques et des cafés accueillants. La Tour de l'Horloge est un autre monument emblématique de la ville, offrant une vue panoramique sur la ville et ses environs. Pour les amateurs de nature, le parc naturel régional des volcans d'Auvergne est à proximité. C'est un lieu idéal pour des randonnées, des promenades en montagne ou des visites des lacs volcaniques de la région. Côté gastronomie, on trouve l'aligot, un plat à base de purée de pommes de terre et de fromage tomme, ainsi que la truffade, une autre recette à base de pommes de terre et de fromage cantal. Les charcuteries locales, comme la saucisse sèche et le jambon d'Auvergne, sont également à déguster. Enfin, n'oubliez pas de goûter aux fromages de la région, tels que le saint-nectaire, le cantal et le bleu d'Auvergne. Ces fromages sont souvent accompagnés d'un verre de vin d'Auvergne pour compléter l'expérience culinaire.

LA ROUTE

Si certains pourraient se délecter de l'autoroute entre Clermont-Ferrand et Issoire, la présence de nombreux radars a considérablement gâché la fête. On vous propose de prendre la direction du Mont-Dore par la D996 via Champeix avant de bifurquer par la D640 juste avant le village de Grandeyrolles à Saignes, on prend un bout de la D5 avant de récupérer la D996 pour attaquer la montée vers le Mont-Dore. Dépaysement garanti. On peut ensuite revenir par Chambon-sur-Lac puis Saint-Nectaire pour rallier enfin Issoire.

LE LIEU

Au cœur de l'Auvergne, à 35 km au sud de Clermont-Ferrand, le CEERTA d'Issoire héberge une piste de vitesse, un centre d'essais ainsi qu'un circuit « rallye ». La piste asphaltée propose un tracé rapide de 2 500 mètres environ qui peut être réduit en fonction des besoins. Le circuit d'Issoire s'ouvre aux deux-roues dans le cadre de stages de pilotage, de stages d'initiation, mais aussi de nombreuses journées « Open » la semaine comme le week-end. Le site héberge également une exposition permanente sur la marque française Voxan, sans oublier la rencontre avec les pilotes locaux : les frères Sarron.

PUY-DE-DÔME
RIOM

Riom est une charmante ville située dans le département du Puy-de-Dôme, en région Auvergne-Rhône-Alpes, en France.

Cette ville historique offre une riche diversité de sites à visiter et de spécialités locales à découvrir à commencer par son patrimoine architectural et historique bien préservé. La visite du centre-ville permet de découvrir de belles maisons à colombages, des hôtels particuliers et des édifices remarquables tels que l'église Saint-Amable, qui date du XIIIe siècle et arbore un mélange de styles roman et gothique. Le musée Mandet est un autre lieu incontournable, abritant une collection éclectique d'arts décoratifs, de peintures et de sculptures. Le quartier médiéval de Riom, avec ses ruelles étroites et ses places animées, est un lieu de promenade agréable. La Tour de l'Horloge, datant du XVe siècle, est un symbole de la ville et offre une vue panoramique sur Riom et les environs. Les spécialités locales à Riom comprennent notamment les produits du terroir auvergnat. Le fromage AOP saint-nectaire, fabriqué dans les environs, est une délicatesse à savourer. Les salaisons, telles que le jambon d'Auvergne et les saucissons, sont également des incontournables de la gastronomie locale. La ville de Riom est également connue pour ses marchés colorés, où vous pourrez découvrir les produits locaux, fruits et légumes frais, ainsi que des spécialités régionales. Les restaurants de la ville proposent une cuisine authentique mettant en valeur les saveurs de l'Auvergne. Enfin, Riom est un point de départ idéal pour explorer les paysages naturels environnants, notamment les volcans d'Auvergne et les lacs de la région. Les activités de plein air, comme la randonnée et le vélo, sont très populaires dans la région.

LA ROUTE

Dans ce coin d'Auvergne qui accueillit le Free-Wheels pendant une dizaine d'années (30 000 bikers se pressaient à Cunlhat), le motard est partout le bienvenu, en témoignent les nombreux panneaux amicaux. Pour les routes, l'Auvergne est l'une des rares régions à proposer des itinéraires clés en main spécialement pensés pour les motards par un motard, Alexis Aubertin. Plus d'infos sur www.auvergne-destination.com.

LE LIEU

Situé à Riom, dans le Puy-de-Dôme en Auvergne, le musée de la moto « André Baster » rassemble 400 véhicules en exposition, de 1900 à 1985. De la moto au scooter en passant par le side-car, vous pourrez découvrir ou redécouvrir les modèles comme la Brough Superior SS 100 de 1927, la 1 000 Vincent ou la 750 MV Agusta.

SAUF LIVRAISONS

ALLIER
VICHY

Vichy, en Auvergne-Rhône-Alpes, est renommée pour ses sources thermales et son riche patrimoine architectural.

La ville offre une variété de lieux incontournables à découvrir. Les Grands Thermes, en son cœur, proposent une gamme de soins basés sur les propriétés des eaux minérales, appréciées pour leurs bienfaits thérapeutiques. Le parc des Sources, situé au centre-ville, est idéal pour une promenade paisible, avec ses bassins et fontaines. Les visiteurs peuvent également y goûter différentes sources d'eau minérale. L'opéra de Vichy, avec son architecture néoclassique, est un joyau culturel accueillant concerts, ballets et spectacles tout au long de l'année. Les berges de l'Allier offrent également des promenades pittoresques, parfaites pour profiter des paysages. Le quartier thermal se distingue par ses magnifiques bâtiments Belle Époque, conférant à la ville un charme unique. Le palais des congrès, dans un bâtiment historique, anime la vie culturelle de Vichy avec divers événements et spectacles. Le marché couvert permet de découvrir les produits locaux et spécialités régionales, offrant une expérience gustative authentique. Enfin, les nombreux parcs et jardins, tels que le parc Kennedy et le parc des Célestins, créent des espaces de détente et de loisirs. Vichy marie harmonieusement son héritage thermal à une culture dynamique et des espaces naturels apaisants, offrant aux visiteurs une expérience complète et enrichissante.

LA ROUTE

De Vichy, on descend vers Saint-Yorre par la D906 puis vers Puy-Guillaume. Ensuite s'ouvrent à vous les routes de la Montagne bourbonnaise. Direction l'est vers Montpeyroux par la D114 jusqu'à Pitelet et le pont de la Goutte ou encore le barrage de la Muratte. Descendez ensuite vers Palladuc avant de reprendre la D201 puis la D64 vers Les Farreras. On récupère ensuite la D906 pour remonter vers Vichy. Mais bien d'autres itinéraires s'offrent à vous dans ce coin.

LE LIEU

Le circuit du Bourbonnais vous accueille en plein centre de la France, entre Moulin et Vichy, sur l'aérodrome de Moulins-Montbeugny. Ses installations laissent une belle place à la pratique de la moto puisqu'en plus d'une journée d'essais libre chaque mois, vous pourrez prendre la piste environ une fois par semaine selon la formule Happy Hours. Rendez-vous entre 17 h 30 et 19 h pour un roulage libre après le travail à prix réduit ! (Réservation nécessaire) Le complexe propose également des stages de pilotage, la pratique du karting, des baptêmes en voiture de course et des formations à la conduite routière.

CÉLESTINS

RHÔNE-ALPES
LYON

Lyon est l'une des plus grandes villes de France, située dans la région Auvergne-Rhône-Alpes, au confluent du Rhône et de la Saône. Cette ville dynamique et historique est réputée pour son patrimoine architectural, sa scène culturelle animée et sa riche gastronomie.

Les lieux à voir à Lyon sont nombreux. Le quartier du Vieux Lyon, classé au patrimoine mondial de l'Unesco, est un incontournable pour son architecture médiévale et Renaissance. Les traboules, passages étroits reliant les rues entre elles, offrent un aperçu unique de l'histoire de la ville. La basilique Notre-Dame de Fourvière, située sur la colline de Fourvière, est un autre site emblématique, offrant une vue panoramique sur Lyon. Le quartier de la Presqu'île est le cœur animé de la ville, avec ses places célèbres telles que la place Bellecour, l'une des plus grandes d'Europe, et la place des Terreaux, bordée de cafés et de bâtiments historiques. Le musée des Beaux-Arts, situé sur cette place, abrite une impressionnante collection d'œuvres d'art. Le parc de la Tête d'Or est un lieu de détente apprécié des Lyonnais, avec son grand lac, son jardin botanique et son zoo. Le quartier de la Confluence, quant à lui, est un exemple de modernité avec son architecture contemporaine, ses boutiques et ses restaurants au bord de l'eau. En ce qui concerne les spécialités culinaires, Lyon est souvent surnommée la capitale gastronomique de la France. La ville est célèbre pour ses bouchons, de petits restaurants traditionnels où vous pourrez déguster des plats locaux tels que le tablier de sapeur, les quenelles, la salade lyonnaise ou encore les grattons. Les saucissons lyonnais et les fromages locaux, comme le saint-marcellin et le saint-félicien, sont également très appréciés. Lyon est également réputée pour ses marchés de producteurs où vous pouvez découvrir des produits frais et de qualité. Enfin, ne manquez pas de goûter aux spécialités sucrées locales, comme les bugnes, sortes de beignets croustillants, et la tarte aux pralines roses.

LA ROUTE

À quelque kilomètre de Lyon, découvrez le massif des monts du Lyonnais en partant de L'Arbresle. Elle se trouve à la jonction des monts du Lyonnais et du Beaujolais puis prenez la direction d'Éveux. Poursuivre en direction de Sainte-Consorce, via la D19 et D7. Continuer vers Saint-Pierre-la-Palud, via la D610. Direction ensuite vers Yzeron, via la N89. Suivre ensuite la direction de Taluyers, via les D25 et D36E. La route alterne entre pentes ardues et vallons aux lignes douces. L'itinéraire touristique « des monts et coteaux du Lyonnais » passera par Riverie, via la D63 puis vers Saint-Symphorien-sur-Coise, via la D2, classé « plus beaux détours de France ». Pour finir cette boucle, prendre la direction de Chazelles-sur-Lyon, via la D2.

L'ÉVÉNEMENT

Organisé depuis de nombreuses années au parc des expositions de Lyon, le salon du 2 Roues a pris une dimension XXL avec de nombreux exposants, des expositions de marques et de club, des courses, des concerts, des animations comme un concours de mécanicien. Que l'on aime les motos récentes ou anciennes, les routières ou les tout-terrain, il y en a pour tous les styles. Incontournable.

ISÈRE
SAINT-PIERRE-DE-CHARTREUSE

Saint-Pierre-de-Chartreuse est un charmant village situé au cœur du massif de la Chartreuse, dans le département de l'Isère, en France.

Niché dans un cadre naturel exceptionnel, ce village offre un mélange d'histoire, de culture et de paysages à couper le souffle. On y trouve le monastère de la Grande Chartreuse qui est l'un des sites les plus emblématiques de la région. Ce monastère, fondé en 1084 par saint Bruno, est le berceau de l'ordre des Chartreux. Bien que le monastère lui-même ne soit pas ouvert au public, vous pouvez visiter le musée de la Grande Chartreuse pour en apprendre davantage sur la vie des moines et l'histoire de l'ordre. Le musée d'Art sacré contemporain est situé à l'intérieur de l'église paroissiale et présente des œuvres d'art moderne en lien avec la spiritualité et la foi chrétienne. Les alentours de Saint-Pierre-de-Chartreuse sont propices à de nombreuses activités de plein air, comme la randonnée, le VTT et le ski en hiver. Les montagnes environnantes offrent des panoramas magnifiques sur la vallée et les forêts de la région. Le cirque de Saint-Même, situé à quelques kilomètres de Saint-Pierre-de-Chartreuse, est formé par une série de cascades et de piscines naturelles. C'est un lieu idéal pour une randonnée en famille ou entre amis. Le fromage de Chartreuse est fabriqué à partir de lait de vache local et est un incontournable de la région. Il se déguste généralement frais et présente une texture crémeuse. La région est également réputée pour la liqueur de Chartreuse, une boisson alcoolisée élaborée par les moines de la Grande Chartreuse à partir d'un mélange secret de plantes et d'herbes. Elle est disponible en deux variantes : la verte et la jaune. Profitez de votre visite pour déguster des spécialités montagnardes telles que la raclette, la tartiflette ou encore la fondue, accompagnées de charcuterie locale.

LA ROUTE

De Saint-Pierre-de-Chartreuse, on peut partir vers le col de Porte par la D512 puis la D57 jusqu'à Saint-Egrève.

Autre possibilité, on remonte vers Entremont-le-Vieux par D512, puis la D912, Entremont-le-Vieux puis le col du Granier. Dans les alentours, chaque route offre des possibilités de tournicoter, parfois sur des routes étroites, mais les panoramas sont au rendez-vous et le dépaysement total. Forcément, ce coin de la France est à privilégier aux beaux jours… à moins d'y aller à motoneige.

L'ÉVÉNEMENT

Après une mise en sommeil de presque dix ans, le championnat de France SX a repris ses quartiers illustre arène du Palais des Sports de Grenoble. Après plusieurs tentatives, le promoteur historique de cet événement, le Grenoblois Guy Chanal a obtenu le feu vert de la municipalité en 2023 pour que revive le supercross dans cette ville olympique. Ce rendez-vous marque le début de la saison hivernale en salle après les quatre épreuves qui se tiennent l'été.

ISÈRE
PONT-EN-ROYANS

Pont-en-Royans est un village pittoresque de la région Auvergne-Rhône-Alpes, connu pour son cadre enchanteur et son architecture unique. Les maisons suspendues aux couleurs pastel, perchées au-dessus de la rivière Bourne, créent une vue magnifique.

Le musée de l'Eau propose des expositions interactives sur le thème de l'eau et des parcours ludiques. Les gorges de la Bourne offrent des paysages naturels spectaculaires, parfaits pour les randonnées. Côté patrimoine, le château de Rochechinard offre une vue panoramique sur la vallée. Les promenades le long de la rivière permettent d'admirer la beauté naturelle de la région. En termes de gastronomie, la truite de la Bourne est une spécialité locale appréciée, souvent préparée simplement pour mettre en valeur sa saveur.

Les noix de Grenoble sont renommées pour leur qualité et sont utilisées dans de nombreux plats locaux. Le saint-marcellin est un fromage doux et crémeux à savourer avec du pain frais. Le gratin dauphinois est un plat réconfortant à base de pommes de terre, de crème et de fromage. Enfin, les vins de l'Isère accompagnent parfaitement les mets locaux.

LA ROUTE

De Pont-en-Royans, on descend vers Léoncel par la D629 puis la D70, ensuite on bifurque vers La Chapelle-en-Vercors par D199 puis D178, direction ensuite Saint-Julien-en-Vercors par la D611 puis la D103. Une fois arrivé, on prend la direction de Choranche avec ses routes creusées à même la roche. Virages, paysages, attention de ne pas trop regarder les seconds au risque de louper les premiers.

L'ÉVÉNEMENT

Le Supercross SX Tour prend ses quartiers en fin d'année à Grenoble pour la finale du championnat de France. Suite à une analyse et une réflexion menée par JLFO EVENTS et la FFM, un programme est mis sur pied dès 2024 pour donner un nouvel élan au Supercross en France, retrouver sa dynamique et son niveau sportif et que la pratique du Supercross soit rendue possible dès le plus jeune âge. Cela passe par des stages et un calendrier afin de faire progresser les talents de demain. À ne pas louper.

SAVOIE
ANNECY

Annecy, également surnommée la « Venise des Alpes », est une charmante ville située en Haute-Savoie, en France.

Elle est réputée pour son cadre exceptionnel, entourée de montagnes majestueuses et bordée par son lac aux eaux cristallines. Ce lieu pittoresque est très prisé des touristes en raison de son riche patrimoine historique et de ses paysages à couper le souffle. Le lac d'Annecy est l'une des principales attractions, offrant de nombreuses activités telles que la navigation de plaisance, la baignade et la randonnée le long de ses rives. Le centre historique, avec ses ruelles pavées, ses maisons colorées et ses canaux sinueux, est également incontournable. Parmi les monuments emblématiques, on peut citer le château d'Annecy, qui offre une vue panoramique sur la ville et le lac, ainsi que le palais de l'Isle, une ancienne prison médiévale devenue musée. La basilique de la Visitation, dédiée à Saint-François de Sales, offre également une vue magnifique sur la ville. Côté cuisine, Annecy est réputée pour ses spécialités savoyardes. La tartiflette, à base de pommes de terre, lardons, reblochon et oignons, est un plat incontournable. Le reblochon, fromage emblématique de la région, et la tomme de Savoie sont des délices locaux à déguster avec du pain. Les crozets, petites pâtes de sarrasin ou de blé, sont souvent servis en gratin ou avec du fromage. Enfin, les féras du lac, poissons de haute qualité, sont appréciés grillés ou en filet.

LA ROUTE

Direction Sévrier sur les bords du lac où on rattrape la D912 direction Leschaux. Ça grimpe et ça tourne forcément dans ce coin. Une fois passé Entrèves du Diable, on continue à brûler de la gomme via la D911, puis la D2062 et à nouveau la D912 pour arriver à Saint-Jean-d'Arvey en plein massif des Bauges. On peut ensuite amorcer la descente sur Chambéry ou faire demi-tour. C'est au choix.

LA MARQUE

Née sur les bords du lac d'Annecy, à quelques kilomètres des premières pistes de ski, la marque In&Motion est devenue le leader des airbags motos grâce à un système de gilet composé d'un coussin airbag, d'une dorsale, d'un système de gaz et de la coque qui accueille la In&box. Le coussin airbag protège les zones vitales en absorbant l'énergie subie lors de l'impact. Depuis 2014, la In&box contient tous les capteurs et les algorithmes du système. Avec 1 000 analyses par seconde, la position de l'utilisateur est continuellement mesurée et permet au système de détecter et d'anticiper les chutes. Une marque qui travaille avec un grand nombre d'équipementiers pour proposer son produit qui sauve la mise.

CHER
BOURGES

Bourges regorge de trésors architecturaux et de spécialités locales qui raviront les visiteurs en quête d'authenticité et de découvertes. En vous promenant dans les rues pavées de cette cité historique, vous serez émerveillé par son riche patrimoine culturel et gastronomique.

Les lieux à voir incluent la cathédrale Saint-Étienne, inscrite au patrimoine mondial de l'Unesco. Elle est un chef-d'œuvre architectural à ne pas manquer. Admirez ses magnifiques vitraux, ses arcs-boutants impressionnants et son portail royal sculpté. Le palais Jacques-Cœur, un élégant palais du XVe siècle construit par le grand financier Jacques Cœur, est un exemple exceptionnel de l'architecture gothique flamboyante. Les visiteurs peuvent explorer ses pièces richement décorées et en apprendre davantage sur l'histoire de ce personnage influent. Les marais de Bourges offrent une escapade paisible pour se promener dans un vaste réseau de canaux et de jardins potagers. C'est un endroit idéal pour se détendre et profiter de la beauté naturelle de la région. Le musée du Berry, situé dans l'ancien palais des ducs de Berry, abrite une collection variée d'objets d'art, d'archéologie et d'histoire locale. C'est une visite incontournable pour comprendre l'histoire de Bourges et de ses environs.

Les spécialités locales incluent le pâté berrichon, une tourte salée préparée avec de la viande hachée, des œufs et des herbes, le tout enveloppé dans une pâte feuilletée. C'est un plat traditionnel que l'on trouve souvent sur les tables des habitants. Le crottin de Chavignol est un fromage de chèvre, l'une des spécialités les plus célèbres de la région. Dégustez-le frais ou affiné pour découvrir ses saveurs subtiles et son caractère unique. La galette aux pommes de terre est un plat réconfortant composé de pommes de terre râpées, de crème fraîche et d'oignons. Cette galette est croustillante à l'extérieur et moelleuse à l'intérieur. Le quincy est l'un des vins blancs les plus réputés de la région, offrant des arômes floraux et fruités.

Que vous soyez amateur d'histoire, de culture ou de gastronomie, Bourges saura vous séduire par ses trésors cachés et son ambiance chaleureuse, et il ne faut oublier au niveau musique le mythique Printemps de Bourges.

LA ROUTE

De Bourges, on descend par la D73, à Châteauneuf-sur-Cher on récupère la D85 qui longe le Cher. Ensuite on bifurque par Bigny et la D3. Au Chatelet on prend vers la droite par la D951 puis à Thevet-Saint-Julien, on emprunte la D940 qui passera par le château de La Pouzerie notamment pour arriver ensuite au circuit de La Châtre.

LE LIEU

Inaugurée en 1956, la piste de La Châtre a accueilli de nombreuses compétitions automobiles de premier plan jusqu'en 1995 comme le championnat d'Europe et de France de Formule 3. De grands noms du sport mécanique, Alain Prost et Henri Pescarolo notamment, s'y sont illustrés. Aujourd'hui, le tracé accueille clubs auto et moto pour des stages ou des sessions de roulage. Le circuit se trouve à proximité de Bourges et propose un tracé court assez technique avec un développé de 2 325 m.

CHER
SAINT-AMAND-MONTROND

Cette ville paisible et historique offre un mélange attrayant de patrimoine architectural, de sites naturels et de spécialités locales qui plairont à tout type de visiteur.

Le cœur de la ville est marqué par de superbes bâtiments anciens, notamment l'imposant château de Montrond, qui surplombe la ville. Bien que ce château ne soit plus qu'une ruine pittoresque, il offre une vue magnifique sur les environs. La ville abrite également l'église Saint-Amand, une église romane classée monument historique, où vous pourrez admirer son clocher tors et son architecture unique. Les amateurs de culture pourront se rendre au musée Saint-Vic, qui présente des collections d'archéologie, de beaux-arts et d'histoire locale. Il est situé dans l'ancien prieuré Saint-Vic, un bâtiment datant du XVe siècle. Pour ceux qui aiment la nature, le canal de Berry traverse la ville et offre de belles promenades à pied ou à vélo le long de ses berges paisibles. C'est un lieu idéal pour se détendre et profiter de la beauté des paysages locaux.

En ce qui concerne les spécialités locales, Saint-Amand-Montrond est réputée pour ses produits du terroir, notamment ses fromages et ses vins, ou une soupe de lentille verte du Berry, très proche. Les marchés locaux proposent une variété de produits frais tels que les légumes, les fruits et les produits de la ferme, ce qui en fait un paradis pour les amateurs de cuisine.

LA ROUTE

De Saint-Amand-Montrond, prenez la Rue Nationale, D2144, tournez ensuite sur la route de Lurcy, et la D978a en passant par Lurcy-Levis et son circuit (voir pages suivantes). Tournez à gauche sur la D5082, puis la D108 avant de rattraper la D907, avant d'emprunter la D978 puis la mythique N7 qui file vers le circuit de Magny-Cours. Autre possibilité, toujours au départ de Saint-Amand-Montrond, on emprunte la D2144 puis à Meaulne-Vitray, on récupère la D4 puis la D101 vers Vaux en enchaînant avec la D301 qui fait basculer en Auvergne et Montluçon avec ses usines Dunlop où sont fabriqués tous les pneus motos de la marque pour l'Europe entière.

LE LIEU/LES ÉVÉNEMENTS

Le circuit de Nevers Magny-Cours, qui hébergea du Bol d'Or, Bol d'Or Classic ou la manche française de championnat du monde Superbike, est l'un des circuits les plus connus en France avec ceux du Mans et du Castellet. Vous aurez accès à la mythique piste « F1 » via des stages de pilotages, mais vous pourrez aussi rouler, à moindres frais, sur la piste club. Le tracé de la piste « F1 » fait la part belle aux chicanes (trois) et aux gros freinages (Adélaïde, Lycée). Sa technicité le rend idéal pour apprendre à piloter sur piste ou se perfectionner, dans un cadre chargé d'histoire. À noter que le championnat de France de Superbike s'y déroule chaque année avec plusieurs manches.

INDRE-ET-LOIRE
MONTRÉSOR

Montrésor est un charmant village classé parmi les « Plus Beaux Villages de France ».

Niché sur les rives de l'Indrois, Montrésor séduit par son patrimoine historique, ses paysages pittoresques et son atmosphère paisible. Fondé au XIe siècle, Montrésor tire son nom du latin « Mons Thesaurus », qui signifie « Montagne au trésor », évoquant probablement un lieu fortifié ou un trésor caché. L'histoire de Montrésor est intimement liée à son château, dont la construction a débuté au XIe siècle sous l'impulsion de Foulques Nerra, comte d'Anjou. Remanié à la Renaissance par Imbert de Batarnay, un proche conseiller des rois de France Louis XI, Charles VIII, Louis XII et François Ier, le château de Montrésor est un mélange harmonieux d'éléments médiévaux et Renaissance. Sa position stratégique sur un promontoire rocheux en fait un point de défense essentiel à travers les siècles. Parmi les choses à visiter à Montrésor, le château est donc incontournable. Ce magnifique édifice, entouré de jardins à l'anglaise, offre une vue imprenable sur la vallée de l'Indrois. Les visiteurs peuvent explorer ses salles richement meublées, ses collections d'art et ses objets historiques, notamment la galerie des portraits et la salle des gardes. Le château abrite également une impressionnante collection de trophées de chasse et des souvenirs de la famille de Batarnay. Le village lui-même est un véritable bijou avec ses ruelles pavées, ses maisons à colombages et ses façades de tuffeau. L'église Saint-Jean-Baptiste, datant du XVIe siècle, est un autre site à ne pas manquer. Cette église gothique flamboyante renferme des vitraux remarquables et une statuaire richement décorée. Le grenier à sel, ancien lieu de stockage du sel, témoigne de l'importance du commerce dans la région. Une promenade le long des quais de l'Indrois permet de découvrir la beauté naturelle de Montrésor. Le lavoir et le moulin de la ville ajoutent une touche de charme à ce cadre bucolique. Les amateurs de randonnée peuvent emprunter les sentiers qui serpentent autour du village, offrant des vues panoramiques sur les environs. La région est réputée pour ses vins de Loire, notamment le touraine et le touraine-mesland, produits à partir de cépages comme le sauvignon blanc, le chenin blanc et le cabernet franc. Ces vins accompagnent parfaitement les plats locaux et les produits du terroir comme le fromage de chèvre de Sainte-Maure-de-Touraine, avec sa croûte cendrée et sa pâte crémeuse.

LA ROUTE

Au départ de Montrésor, on prend la D780 puis la D68 vers Verneuil-sur-Indre puis la D41 vers Saint-Flovier et Charnizay avant de bifurquer à Preuilly-sur-Claise le long de la Claise par la D50 jusqu'à Martizay avant d'emprunter la D78 et remonter ensuite vers Saint-Michel-en-Brenne puis Mézières-en-Brenne. La D43 vous fera passer par Châtillon-sur-Indre, Saint-Médard, Préaux et Écueillé avant de revenir sur Montrésor.

L'ÉVÉNEMENT

Un peu plus bas que Montrésor, rendez-vous au mois de juillet sur l'aérodrome de Pêchereau (Indre) pour la finale de la Monster Race. Un championnat atypique avec des machines de types Streetfighter où si le chrono compte, le look et également la préparation, la finition et le « fait-maison » comptent aussi pour le classement.

LOIR-ET-CHER
SELLES-SUR-CHER

Nichée au bord de la rivière Cher, Selles-sur-Cher bénéficie d'un cadre naturel agréable et paisible.

La ville tire son nom du mot « Selle », qui désigne un lieu élevé ou une colline, reflétant ainsi sa situation géographique avantageuse. L'histoire de Selles-sur-Cher remonte à l'époque gallo-romaine, mais c'est au Moyen Âge que la ville prend véritablement son essor. Le prieuré de Selles-sur-Cher, fondé au xie siècle par les moines bénédictins de l'abbaye de Saint-Sulpice, joue un rôle crucial dans le développement religieux et économique de la région. Au fil des siècles, la ville prospère grâce à son agriculture, son artisanat et son commerce fluvial sur le Cher. Parmi les choses à visiter à Selles-sur-Cher, le château de Selles-sur-Cher est incontournable. Construit à partir du xie siècle et remanié aux xviie et xviiie siècles, ce château est un bel exemple d'architecture médiévale et classique. Les visiteurs peuvent explorer ses salles richement décorées, ses jardins à la française et ses douves pittoresques. Des événements culturels et des expositions y sont régulièrement organisés, offrant une immersion dans l'histoire locale. L'église Saint-Eusice, datant du xiie siècle, est un autre site remarquable. Cet édifice religieux, avec ses éléments romans et gothiques, abrite de magnifiques vitraux et une statuaire ancienne, ainsi qu'une crypte. Pour les amoureux de la nature, une promenade le long des rives du Cher est une expérience à ne pas manquer. Les chemins de halage, autrefois utilisés par les mariniers pour tirer les bateaux, offrent aujourd'hui des sentiers de randonnée pittoresques. Les amateurs de pêche et de canoë-kayak y trouveront également leur bonheur. Selles-sur-Cher est également connue pour ses spécialités culinaires, notamment le fromage de chèvre qui porte le même nom. Le selles-sur-cher est un fromage à pâte molle et à croûte fleurie, recouvert de charbon végétal, qui lui donne son aspect caractéristique. Son goût crémeux et légèrement salé en fait un délice à déguster sur du pain frais, accompagné d'un verre de vin de la région. Les vins de Touraine, produits dans les vignobles environnants, sont également à découvrir. Les vins blancs, rouges et rosés, issus de cépages tels que le sauvignon blanc, le chenin blanc, le cabernet franc et le gamay offrent une palette de saveurs variées qui accompagnent parfaitement les plats locaux.

LA ROUTE

Au départ de Selles-sur-Cher, on prend la direction de Meusnes, puis Lye et Villentrois. On rattrape Luçay-le-Mâle, Gehée et Croz avant de prendre la direction de Moulins-sur-Céphons et Levroux. On se dirige ensuite vers Liniez, Vatan et Saint-Christophe-en-Bazelle, Chabris et Gièvres avant de revenir à Selles-sur-Cher.

L'ÉVÉNEMENT

La fête de la moto et de la mobylette tient salon depuis une dizaine d'années sur la commune de Saché. Au programme de cette journée avec des balades cyclo et moto : une brocante et un vide-grenier, des démonstrations de trial, des expositions de motos, de mobylettes et de modélisme nautique, un circuit mini-motos, un manège et un concert gratuit en soirée… Ce rassemblement se déroule le dernier week-end de mai à l'étang de Maurux.

EST

BOURGOGNE-
FRANCHE-COMTÉ
GRAND EST

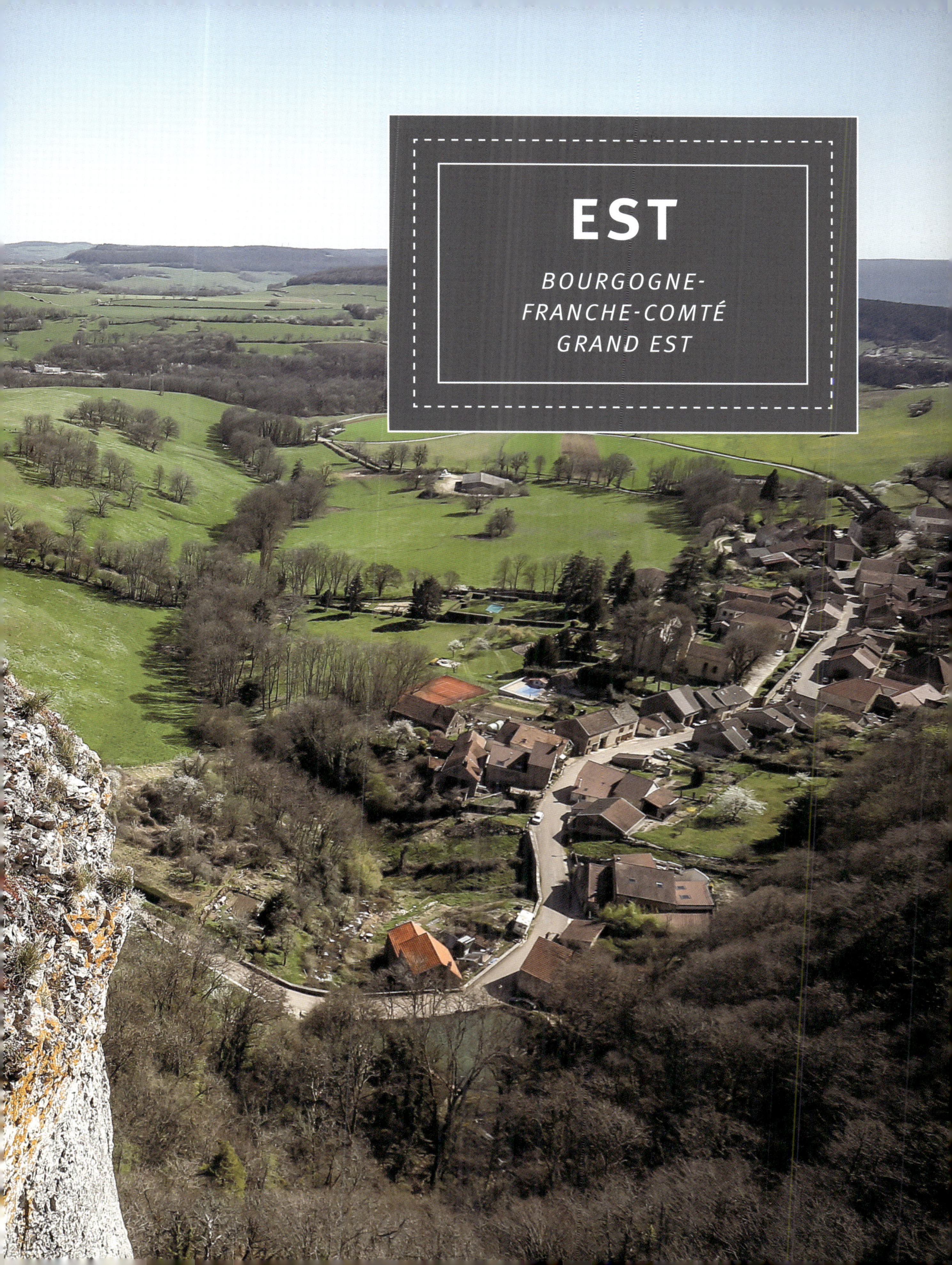

NIÈVRE
CHÂTEAU-CHINON

Château-Chinon est nichée au cœur du parc naturel régional du Morvan, elle offre un cadre naturel exceptionnel, mêlant collines verdoyantes, forêts denses et rivières sinueuses.

La ville est connue pour son charme rustique et sa richesse culturelle, attirant les visiteurs en quête de tranquillité et de beauté naturelle. Château-Chinon a une longue histoire, remontant à l'époque médiévale. Le château, d'où la ville tire son nom, était autrefois une forteresse importante, mais il n'en reste aujourd'hui que quelques vestiges. La ville est cependant réputée pour son architecture traditionnelle, avec ses maisons de pierre typiques de la région et ses ruelles étroites et sinueuses. L'un des points forts de Château-Chinon est son musée du Costume, qui abrite une collection de plus de 2 000 costumes et accessoires allant du XVIIIe au XXe siècle. Les visiteurs peuvent y découvrir l'évolution de la mode à travers les époques. Un autre musée d'importance est le musée du Septennat, qui abrite des œuvres d'art contemporain, notamment des pièces acquises par l'État français pendant les mandats présidentiels de François Mitterrand, originaire de la région. Les amateurs de nature peuvent profiter de promenades dans les environs de la ville, notamment autour du lac des Settons et dans les forêts du Morvan. Les activités de plein air comme la randonnée, le VTT ou le canoë-kayak sont populaires dans la région. En ce qui concerne la gastronomie, Château-Chinon propose de délicieuses spécialités locales, notamment les plats à base de viande charolaise, les fromages de chèvre et les vins de Bourgogne. Les marchés locaux offrent l'occasion de déguster des produits frais du terroir et de découvrir les saveurs authentiques de la région.

LA ROUTE

Pour bien découvrir le Morvan, le mieux est encore de le quadriller dans tous les sens ! Voire de s'y perdre. Côté portions de choix, on vous conseille le tracé entre Rouvray et Lormes. Puis vous piquez vers Château-Chinon en passant par Brassy, Montsauche-les-Settons et Corancy. Rejoignez ensuite la D27 en empruntant la D157 à partir de Précy, quelques belles courbes vous y attendent. Poursuivez la D27 vers le mont Beuvray, puis filez vers Étang-sur-Arroux.

L'ÉVÉNEMENT

Depuis plusieurs années est organisé sur le domaine Les Combes Grondées le Moto Trail Morvan. Un rassemblement de trois jours avec des ateliers, des randonnées sur site, et à l'extérieur avec des moniteurs diplômés d'État encadrant la partie off road et ce, quel que soit votre niveau. Deux grandes boucles sur les routes sont organisées autour de ce bivouac XXL avec une vue exceptionnelle sur le Morvan et le mont Blanc.

CÔTE-D'OR
ARNAY-LE-DUC

Arnay-le-Duc, charmante commune située en Côte-d'Or, en région Bourgogne-Franche-Comté, est une petite ville pleine de caractère et d'histoire.

Le centre historique d'Arnay-le-Duc est un véritable régal pour les amateurs d'architecture. Les visiteurs peuvent se promener dans les rues pittoresques bordées de maisons anciennes, dont certaines datent du Moyen Âge. L'église Saint-Laurent, avec son architecture gothique, est l'un des monuments les plus remarquables de la ville. À l'intérieur, les voûtes élancées et les belles œuvres d'art valent le détour. Prolonger avec le musée des Arts populaires, situé dans l'ancien hospice Sainte-Anne, est un incontournable pour découvrir l'histoire et le patrimoine local. Les collections variées mettent en lumière les traditions et les modes de vie d'autrefois dans la région. Le château d'Arnay-le-Duc, bien que privé, offre un beau panorama sur les environs depuis son parc. Les visiteurs peuvent également admirer l'architecture du château, qui a traversé les siècles. Pour ceux qui aiment la nature, une balade autour de l'étang Fouché est idéale. Ce grand plan d'eau offre un espace de détente et de loisirs, avec des activités telles que la pêche, le pique-nique ou encore des promenades sur les sentiers qui l'entourent. Côté gastronomie, Arnay-le-Duc propose des spécialités locales savoureuses. Les plats traditionnels bourguignons tels que le bœuf bourguignon et le coq au vin sont des incontournables pour les amateurs de cuisine généreuse. Les escargots de Bourgogne, cuisinés à l'ail et au persil, sont également une spécialité appréciée. Pour les amateurs de fromages, l'époisses, un fromage à pâte molle affiné avec du marc de Bourgogne, est une véritable institution dans la région. Les vins de Bourgogne, produits locaux réputés, accompagnent parfaitement ces mets.

LA ROUTE

Direction Mercey, réputé pour son appellation du même nom par la D906, on peut en profiter pour faire un crochet par Cussy-la-Colonne et sa colonne romaine, où vous pourrez croiser l'un des essayeurs de *Moto Revue* en plein essai... direction ensuite le château de Coraboeuf à côté d'Ivry-en-Montagne. Toujours sur cette D906, on descend vers Saint-Aubin, puis Chassagne-Montrachet. Au cœur des vignes, le dépaysement est garanti. On pourra faire un crochet par Chassey-le-Camp puis récupérer la route des vins de Bourgogne pour retourner vers Beaune.

LE LIEU

Situé en pleine campagne bourguignonne, le circuit de l'Auxois propose un court tracé de 1 476 mètres littéralement taillé dans les herbes. Le parcours, technique, mettra plus à l'aise les petites et moyennes cylindrées que les hypersportives. Fermé plus de deux ans pour remise aux normes de sécurité, le circuit de l'Auxois a rouvert en mars 2011.

CÔTE-D'OR
BEAUNE

Beaune, située en Bourgogne-Franche-Comté, est une ville célèbre pour son patrimoine historique et ses vins de renommée mondiale.

Le lieu emblématique de Beaune est sans conteste l'Hôtel-Dieu, aussi connu sous le nom d'hospices de Beaune. Cet ancien hôpital médiéval est un chef-d'œuvre de l'architecture gothique flamboyante, avec son toit de tuiles vernissées aux motifs colorés. À l'intérieur, les visiteurs peuvent admirer la *Tenture de la Vierge*, des peintures et des objets d'art datant de différentes époques. On aime aussi forcément le musée du Vin de Bourgogne, installé dans le cloître des Cordeliers, qui est un lieu incontournable de la ville. Ce musée retrace l'histoire de la viticulture dans la région, présentant des outils anciens et des informations sur les cépages et le processus de production du vin. La basilique Notre-Dame est un autre joyau de Beaune. Elle est célèbre pour ses magnifiques tapisseries flamandes datant du xve siècle, qui racontent des scènes bibliques. L'architecture romane de la basilique et ses sculptures font également partie de ses attraits. La ville de Beaune est entourée de célèbres vignobles, notamment ceux de la côte de Beaune. Les visiteurs peuvent déguster des vins rouges et blancs prestigieux, notamment des appellations telles que Pommard, Volnay, et Meursault, dans les domaines et caves de la région. La gastronomie locale est également à l'honneur à Beaune. Les plats traditionnels bourguignons, tels que le bœuf bourguignon et le coq au vin, l'époisses sont à déguster dans les restaurants locaux. Les escargots de Bourgogne, cuisinés avec de l'ail et du persil, sont une autre spécialité incontournable.

LA ROUTE

On prend la route des Grands Crus de Bourgogne par la D973 direction Pommard, puis Volnay, on repique par Meursault.
De là empruntez la D973 vers La Rochepot où il faudra attraper la D986 vers Saint-Aubin puis un passage par Chassagne-Montrachet, la D113 vous emmènera vers Santenay avant de repartir vers Chagny. La D113 vous ramène ensuite vers Meursault pour remonter ensuite vers Beaune.

LA MARQUE

SIMA, ou Société d'importation de motos et accessoires, a été fondée en 1976 par les époux SEURAT. Après le décès de Marcel Seurat en 2004, l'entreprise a été reprise par Frédéric Fourgeaud (disparu tragiquement en 2023) et Dominique Delsart en 2006, qui ont continué à importer et distribuer des motos en France et en Europe grâce à un réseau de plus de 400 revendeurs. En 2012, SIMA a lancé sa propre marque de motos, MASH Motorcycles, inspirée des années 1970.

CÔTE-D'OR
DIJON

Dijon, capitale de la région Bourgogne-Franche-Comté, est une ville riche en histoire et en culture, offrant une multitude de lieux à voir et de spécialités locales à déguster.

Le centre historique de Dijon est un véritable bijou architectural, avec ses maisons à colombages et ses hôtels particuliers de style Renaissance. La place de la Libération, dominée par le palais des ducs et des États de Bourgogne, est un lieu de rencontre animé où se trouvent cafés et restaurants. Le palais des ducs et des États de Bourgogne est un incontournable de la ville. Il abrite aujourd'hui le musée des Beaux-Arts, qui possède une riche collection d'œuvres d'art allant de l'Antiquité au XXe siècle, notamment les tombeaux des ducs de Bourgogne. La cathédrale Saint-Bénigne est un autre site majeur de Dijon. Avec son architecture gothique, elle impressionne par ses vitraux et sa crypte archéologique. La visite de l'église Notre-Dame de Dijon est également recommandée pour admirer sa façade sculptée et son horloge jacquemart. Le jardin Darcy est un espace vert agréable en plein cœur de la ville. C'est un lieu idéal pour se promener et se détendre. Non loin, la rue de la Liberté, l'artère principale de Dijon, est bordée de boutiques et de commerces locaux. En matière de gastronomie, Dijon est réputée pour ses spécialités locales. La moutarde de Dijon est sans conteste la plus célèbre, appréciée pour son piquant et sa saveur unique. Les escargots de Bourgogne, cuisinés avec du beurre, de l'ail et du persil, sont une autre spécialité incontournable de la région. Les vins de Bourgogne, notamment les rouges de la côte de Nuits et les blancs de la côte de Beaune, sont également à déguster lors d'un séjour à Dijon. Les amateurs de fromage apprécieront l'époisses, un fromage à pâte molle au goût puissant. Enfin, pour les amateurs de douceurs, le pain d'épices de Dijon, confectionné avec du miel et des épices, est une gourmandise traditionnelle à découvrir.

LA ROUTE

Comment ne pas emprunter la mythique route des Vins de Bourgogne. Au départ de Dijon, direction Gevrey-Chambertin par la D974, puis Vougeot et son clos. On enchaîne avec Vosne-Romanée puis Nuits-Saint-Georges, Aloxe-Corton et Beaune enfin. Si la route est à consommer sans modération, si jamais vous vous arrêtez pour y faire une dégustation, il est forcément conseillé de recracher !
À Savigny-lès-Beaune, vous pourrez croiser très certainement des Mash, puisque la Sima y possède son siège et y développe ces modèles et aussi visiter le musée de la moto, de l'aviation et de la voiture de course.

LE LIEU

À quelques minutes de Dijon, le circuit de Dijon-Prenois accueille plusieurs compétitions moto, des coupes Moto Légende à la coupe WERC. Inauguré en 1972, il présente son tracé actuel à partir de 1975, qui lui a permis d'accueillir à plusieurs reprises le Grand Prix de France de F1. Si ce tracé paraît simple sur le papier, il n'en est rien une fois en piste en raison de dénivelés très importants (11 % à la Parabolique). Les dates de roulage à moto sont à consulter auprès du circuit ou du club organisateur.

JURA
BAUME-LES-MESSIEURS

Baume-les-Messieurs est un village classé parmi les plus beaux de France, situé dans le département du Jura, en région Bourgogne-Franche-Comté. Il se distingue par son cadre naturel exceptionnel, niché dans une reculée, un paysage de vallées encaissées entouré de falaises calcaires.

Le village est connu pour son patrimoine historique et architectural. L'abbaye impériale Saint-Pierre, fondée au VIe siècle, est l'un des joyaux du village. Cet édifice roman-gothique est remarquable pour ses magnifiques voûtes et son cloître paisible. L'église abbatiale est également réputée pour ses chapiteaux sculptés et ses fresques. Baume-les-Messieurs est entouré de paysages naturels préservés, notamment des cascades, des grottes et des falaises. Les cascades des Tufs, en particulier, offrent un spectacle impressionnant avec leurs eaux claires s'écoulant en terrasses calcaires. Les grottes de Baume-les-Messieurs sont une autre attraction populaire, offrant des visites souterraines à la découverte de formations géologiques étonnantes. Les promenades autour du village permettent d'admirer les vignobles de la région, produisant notamment le fameux vin jaune du Jura. Les amateurs de vin peuvent déguster les vins locaux dans les caves traditionnelles des environs. La gastronomie locale est riche en saveurs, avec des plats tels que la truite, le comté et le morbier. Les spécialités jurassiennes, comme la volaille de Bresse et les plats à base de morilles, sont également à découvrir.

LA ROUTE

De Baumes-les-Messieurs, direction Saint-Claude par la D4 puis la D678. Une fois à Pont-de-Poitte, on enquille par la D27 puis la D118, la D312 à proximité du col de Nanchez, on emprunte la D146 puis la D437 au cœur de la forêt d'Avignon. Une fois à Saint-Claude, et son musée de la pipe, on peut poursuivre la balade sur les routes des stations jurassiennes en direction de Septmoncel pour admirer la cascade du chapeau de gendarme, puis continuer jusqu'à Mijoux et le col de la Faucille.

LE LIEU

La piste du circuit de Bresse s'intègre dans un complexe entièrement dédié au sport mécanique, comprenant également un espace tout terrain, des infrastructures pour essais constructeurs et une piste de kart. Le complexe se situe à 120 km au nord de Lyon, et 115 km au sud de Dijon, le long de l'A39. Le tracé complexe soutient la comparaison avec ceux des circuits français de premier plan. Piste homologuée FFM/FFSA +200 km/h.

DOUBS
MONTBÉLIARD

Montbéliard est une ville qui séduit par son riche héritage historique et culturel.

Le château des ducs de Wurtemberg est un élément emblématique de la ville, offrant une vue imprenable sur la région et permettant aux visiteurs de plonger dans l'histoire fascinante de la famille régnante qui a marqué Montbéliard. Flâner dans les rues de Montbéliard, c'est découvrir des maisons à colombages colorées, des places pittoresques et des édifices remarquables, témoins de l'histoire de la ville. L'église Saint-Maimboeuf, de style néo-gothique, se dresse fièrement et témoigne de l'importance du patrimoine religieux dans la région. Les traditions culinaires de Montbéliard reflètent l'identité de la région. La saucisse de Montbéliard, fumée au bois de résineux, est l'une des spécialités locales les plus réputées. Sa saveur riche et son arôme boisé la rendent irrésistible, surtout lorsqu'elle est accompagnée de légumes ou de choucroute. Le mont d'or, un fromage à pâte molle, est également un délice pour les amateurs de produits locaux. Il se déguste généralement chaud, fondant et crémeux, libérant des arômes subtils qui se marient parfaitement avec des pommes de terre ou du pain croustillant. Les marchés de Montbéliard regorgent de produits régionaux, des fruits et légumes frais aux vins du Jura, en passant par les miels et confitures artisanales. Ces marchés sont des lieux de rencontre et d'échange, où l'on peut goûter aux spécialités locales et apprécier la convivialité de la région. Montbéliard est donc une destination qui allie histoire, patrimoine et plaisirs culinaires. Ses paysages urbains charmants et ses spécialités savoureuses offrent aux visiteurs une expérience complète, riche en découvertes et en saveurs authentiques.

LA ROUTE

Au départ de Montbéliard, on prend la direction de Voujeaucourt puis par la D475 on passe Écot puis la D123 qui fera passer à proximité du mont Pourron. À Pont-de-Roide, on emprunte la D73 vers Dambelin jusqu'à Glainans où on bifurque par la D81 jusqu'au col de Ferrière. Par la D31 on se rend jusque Sancey-le-Long où la D464 nous emmène jusqu'à Belleherbe. Al D39, nous fait passer par Saint-Hippolyte puis on remonte vers Montbéliard, Roches-lès-Blamont, Bondeval et Audincourt.

LE LIEU

Le musée de l'Aventure Peugeot, situé à Sochaux, est un lieu incontournable pour les passionnés d'histoire industrielle. Ce musée, qui retrace l'évolution de la marque Peugeot depuis ses débuts, offre une plongée fascinante dans l'univers de l'une des plus anciennes entreprises françaises. Outre les voitures, le musée présente également des vélos, des motos et d'autres produits fabriqués par Peugeot au fil des décennies, témoignant de la diversité de l'entreprise et de son adaptation aux évolutions technologiques et sociétales.

DOUBS
BESANÇON

Besançon, nichée dans un méandre du Doubs, est une ville où se mêlent histoire, culture et plaisirs culinaires.

Dominée par sa citadelle impressionnante, œuvre de Vauban et classée au patrimoine mondial de l'Unesco, la ville attire les visiteurs avec son patrimoine architectural et sa riche tradition culturelle. En explorant le centre historique de Besançon, vous découvrirez des rues pavées bordées de bâtiments élégants, souvent construits en pierre de taille. La cathédrale Saint-Jean, avec sa façade classique et son horloge astronomique unique, est un lieu de visite incontournable. Le musée des Beaux-Arts et d'Archéologie, l'un des plus anciens de France, expose une collection éclectique allant des peintures européennes aux sculptures antiques. La ville est également réputée pour ses espaces verts, comme le parc Micaud, qui longe le Doubs et offre une vue imprenable sur la citadelle. Les berges aménagées sont parfaites pour une promenade paisible, tout en découvrant la beauté de l'architecture bisontine. Côté gastronomie, Besançon propose une délicieuse immersion dans les spécialités comtoises. La cancoillotte, un fromage fondu à la texture onctueuse, est une des spécialités régionales les plus appréciées. Elle se marie parfaitement avec des pommes de terre ou du pain frais. Le mont d'or, un autre fromage local, est un incontournable, surtout lorsqu'il est servi chaud, coulant et accompagné de charcuterie. Les amateurs de viande se régaleront de saucisses de Morteau ou de Montbéliard, réputées pour leur saveur fumée. Les marchés de Besançon offrent une occasion unique de goûter aux produits locaux, des légumes frais aux vins du Jura. Les cafés et brasseries de la ville vous invitent à déguster ces spécialités dans une ambiance conviviale, reflet de l'art de vivre franc-comtois.

LA ROUTE

Au départ de Besançon, direction de la Vèze par la D246, on descend ensuite vers Tarcenais pour récupérer la D402 puis la D492 vers Verrières-du-Grosbois et Gonsans puis Magny-Châtelard. On emprunte la D80 vers Vercelle-Villedieu-le-Camp, puis la D27 en direction de Eysson, à Villers-Chief on prend la D20 vers Bremondans puis Orsans et la D120. Enfin la D464 nous ramène vers Besançon.

LE LIEU

Le circuit de l'enclos, situé à Septfontaines dans le Doubs, à 44 km au sud de Besançon, propose un tracé au développé très réduit, mais technique à souhait. Plus adapté aux petites sportives comme les 125 cm³, mais aussi à toutes les motos de type Supermotard, son accès est libre sauf en cas de réservation, le circuit de l'enclos propose également des stages sur demande ainsi que des roulages permanents en kart.

TERRITOIRE DE BELFORT
BELFORT

Belfort est réputée pour son histoire fascinante, son patrimoine architectural impressionnant et sa position stratégique entre les Vosges et le Jura, à proximité de la frontière avec l'Allemagne et la Suisse.

L'un des symboles les plus emblématiques de Belfort est le Lion de Belfort, une imposante sculpture réalisée par Frédéric Bartholdi, l'architecte de la Statue de la Liberté. Cette statue monumentale en grès rouge, située au pied de la citadelle, rend hommage à la résistance de la ville lors du siège de 1870-1871 pendant la guerre franco-prussienne. La citadelle de Belfort, conçue par le célèbre architecte militaire Vauban, est également un site incontournable, offrant des vues panoramiques sur la ville et les environs. Le centre historique de Belfort est marqué par ses rues pavées et ses maisons colorées. La cathédrale Saint-Christophe, datant du XVIIIe siècle, est un autre joyau architectural à visiter. La place d'Armes est le cœur animé de la ville, avec ses cafés, restaurants et boutiques. Belfort est aussi un important centre culturel, avec des événements et festivals tout au long de l'année, tels que le célèbre festival de musique « Les Eurockéennes » qui se déroule sur les rives du lac du Malsaucy. La ville abrite également des musées intéressants, comme le Musée d'Art moderne – Donation Maurice Jardot, qui présente une collection d'œuvres d'artistes tels que Picasso et Matisse. En ce qui concerne la gastronomie, Belfort propose une cuisine qui mêle les influences de l'Alsace, de la Bourgogne et de la Franche-Comté. Les spécialités locales incluent la charcuterie, les fromages, comme le morbier et le comté, et les vins régionaux.

LA ROUTE

En partant de Belfort, on sort de la ville par le sud-ouest en empruntant les petites routes vers Montbéliard par la D683 puis la D438. Une fois passé Montbéliard, toujours en étant sur la D438, on passe au-dessus de l'autoroute pour récupérer la D475, la D123 qui se termine par une belle série de virages avant de bifurquer sur la D265 qui vous emmène jusqu'à Villars-sous-Écot pour peut-être assister à une course de Supermotard ou de cross.

LE LIEU

Le circuit de la Versenne, situé dans la commune de Villars-sous-Écot, a d'abord été utilisé pour le motocross. Il a connu ses heures de gloire en accueillant des championnats du monde de cross. Le Moto-Club de Villars a par la suite construit à côté un circuit de supermotard. Ce circuit a accueilli à deux reprises une manche du championnat du monde de Supermotard, en 2006 et 2007.

YONNE
TONNERRE

Tonnerre, située dans le département de l'Yonne en Bourgogne-Franche-Comté, est une ville chargée d'histoire et de charme.

Fondée par les Romains sous le nom de « Turnodurum », Tonnerre devient rapidement un centre de commerce et de culture. Au Moyen Âge, Tonnerre se développe grâce à sa position stratégique sur la route reliant Paris à Dijon et devient une place forte notable avec la construction de remparts et de nombreux édifices religieux. L'histoire de Tonnerre est marquée par la figure emblématique de Marguerite de Bourgogne, reine de Sicile, qui fonde en 1293 l'Hôtel-Dieu de Tonnerre, l'un des plus anciens hôpitaux d'Europe encore debout. La fosse Dionne est un autre site remarquable de Tonnerre. Cette source karstique aux eaux turquoise, entourée de mystère et de légendes, a été aménagée en lavoir au XVIIIe siècle. La fosse Dionne est connue pour son débit impressionnant et sa profondeur inexpliquée, faisant d'elle un lieu de fascination et de contemplation. L'église Saint-Pierre, perchée sur la colline dominant la ville, est un autre joyau architectural. Construite aux XIIe et XIIIe siècles, elle combine des éléments gothiques et romans. Sa position offre une vue panoramique sur Tonnerre et la vallée de l'Armançon. L'église renferme de magnifiques vitraux et un orgue ancien, ajoutant à son charme et son importance historique. Tonnerre est également connue pour son patrimoine viticole. Le vignoble tonnerrois, qui fait partie du vignoble de Bourgogne, produit des vins de qualité, notamment le bourgogne-tonnerre, un vin blanc sec élaboré principalement à partir de cépage chardonnay. Une visite des caves locales permet de déguster ces vins typiques, en découvrant le savoir-faire ancestral des vignerons de la région. Les spécialités culinaires de Tonnerre et de la région de l'Yonne raviront les gourmets à l'image de la gougère, une pâtisserie salée à base de pâte à choux et de fromage, une entrée populaire souvent servie lors des repas festifs. Le jambon persillé, une terrine de jambon et de persil en gelée, est une autre spécialité bourguignonne à déguster. Les escargots de Bourgogne, préparés avec du beurre, de l'ail et du persil, sont également un délice local incontournable. Pour les amateurs de sucreries, les nonnettes, petits pains d'épices fourrés à la marmelade d'orange, sont une spécialité bourguignonne à ne pas manquer. Enfin, pour accompagner ces délices, rien de tel qu'un verre de crème de cassis de Bourgogne, utilisée pour préparer le célèbre apéritif kir.

LA ROUTE

Comment ne pas partir sur la route des vins de la région. Au départ de Tonnerre, direction Vaulichères, Molosmes, Épineuil, Vézinnes, Roffey, Bernouil, Vézannes puis Collan avec une grande boucle autour de Chablis au cœur du vignoble. Il sera aussi possible de pousser vers Quenne et son écomusée de la vigne et du vin, avec un passage par Auxerre et Irancy.

LE LIEU

Le terrain de moto-cross de Toucy est un haut lieu de la Bourgogne avec une structure complète et un tracé dans le sable qui en fait une particularité dans la région. Géré par le moto-club local, il reçoit de nombreux entraînements ou encore les essais de la revue *Moto Verte*, mais aussi des compétitions régionales ou nationales.

Fosse Dionne

YONNE
VÉZELAY

Vézelay, nichée dans le département de l'Yonne en Bourgogne-Franche-Comté, est une petite ville au patrimoine exceptionnel, inscrite au patrimoine mondial de l'Unesco.

Point de départ important sur le chemin de Saint-Jacques-de-Compostelle, Vézelay est indissociable de sa célèbre abbaye, la basilique Sainte-Marie-Madeleine. Fondée au IXe siècle, l'abbaye accueille les reliques de sainte Marie-Madeleine, attirant des pèlerins du monde entier. La basilique, chef-d'œuvre de l'architecture romane, est connue pour ses proportions harmonieuses, ses sculptures impressionnantes et ses magnifiques chapiteaux historiés. La lumière qui inonde la nef à travers les vitraux crée une atmosphère spirituelle unique. Parmi les choses à visiter à Vézelay, la basilique Sainte-Marie-Madeleine est donc incontournable. Ses fresques et sculptures, notamment le tympan du narthex représentant le Jugement Dernier, sont des exemples remarquables de l'art roman. Les visiteurs peuvent également explorer la crypte, où sont conservées les reliques de Marie-Madeleine. Le village lui-même, perché sur une colline, offre une vue panoramique sur les vallées environnantes et est classé parmi les plus beaux villages de France. Se promener dans ses ruelles pavées bordées de maisons médiévales, d'ateliers d'artisans et de boutiques d'art est un véritable voyage dans le temps. La porte du Barle, vestige des anciennes fortifications, et la place de la Basilique, avec ses charmantes terrasses de café, ajoutent au charme de la ville. Le musée Zervos, installé dans l'ancienne maison du docteur Romain Rolland, est une autre visite incontournable. Ce musée abrite une collection d'art moderne exceptionnelle, avec des œuvres de Picasso, Kandinsky, Miró et Giacometti, offrant un contraste fascinant avec l'héritage médiéval de Vézelay. Les spécialités culinaires de Vézelay et de la région de l'Yonne sont à découvrir absolument. Le vin de Vézelay, notamment le bourgogne vézelay, est un vin blanc produit à partir du cépage chardonnay, apprécié pour sa fraîcheur et ses arômes de fruits. Les vins rouges et blancs de la région sont également excellents, produits dans un terroir qui bénéficie d'un climat idéal pour la viticulture. La gastronomie locale inclut des délices tels que l'escargot de Bourgogne, préparé avec du beurre, de l'ail et du persil, et le jambon persillé, une terrine de jambon en gelée agrémentée de persil. Le coq au vin, plat emblématique de la Bourgogne, est une autre spécialité à savourer, avec le poulet mariné et mijoté dans un riche vin rouge. Sans oublier l'époisses pour le fromage.

LA ROUTE

Au départ de Vézelay, la route qui nous emmène vers Avallon est très agréable, mais également très fréquentée. Il est également possible de prendre la D36 vers Saint-Germain-des-Champs avant de remonter par la D144 vers Avallon puis Montréal et Angely avant de revenir sur Avallon pour se diriger vers Givry puis Asquins avant de revenir à Vézelay.

L'ÉVÉNEMENT

Dès 1956, la sentinelle de Brienon organisait un Moto-cross avec plusieurs associations. Vingt ans plus tard, deux Brienonnais fondent le Moto-Club de Brienon afin d'organiser plusieurs événements. Après plusieurs courses dans les années 1990, le championnat de France arrivera au début des années 2000 avant de lancer le Supercross en 2018. Avec de nombreuses catégories et les meilleurs pilotes français. Sur une piste de haut niveau, on retrouve également dans le courant des courses de moto-cross d'anciennes. Des événements à ne rater sous aucun prétexte si vous êtes dans le coin.

VOSGES
ÉPINAL

Épinal est une ville pittoresque riche en patrimoine historique et culturel.

Une promenade à travers ses rues vous mènera à la basilique Saint-Maurice, une magnifique église gothique du XIIIe siècle, reconnue pour ses vitraux éclatants et ses sculptures. En continuant votre exploration, vous découvrirez le musée de l'Image, qui met en lumière l'héritage d'Épinal dans la production d'images populaires. Les visiteurs pourront y admirer une vaste collection d'images, d'imprimés et de gravures qui retracent l'histoire et la culture de la région. Perchés sur les hauteurs de la ville, les vestiges du château d'Épinal offrent une vue panoramique sur la région, tandis que le parc du château, qui l'entoure, est l'endroit idéal pour une promenade au milieu de la nature et des ruines historiques. Le musée départemental d'Art ancien et contemporain présente une large collection d'œuvres d'art allant du Moyen Âge à l'art contemporain, une destination incontournable pour les amateurs d'art. Les soirées peuvent être consacrées au théâtre municipal, un élégant bâtiment du XIXe siècle, qui propose des spectacles variés tout au long de l'année. Côté gastronomie, Épinal séduit les visiteurs avec ses spécialités culinaires. Parmi celles-ci, la quiche lorraine, appréciée pour sa garniture de lardons, d'œufs et de crème, ainsi que le pâté lorrain, une tourte à la viande marinée dans du vin blanc et des épices, sont des classiques de la cuisine locale. Les amateurs de fromage pourront savourer le munster, à la pâte molle et au goût puissant. Pour les amateurs de douceur, les bonbons des Vosges, souvent à base de plantes locales, sont un véritable délice. Enfin, le kirsch des Vosges, un alcool de cerise, est une boisson incontournable, souvent utilisée dans de nombreux desserts, mais aussi consommée en digestif.

LA ROUTE

Direction Gérarmer par la sinueuse D11 puis la D417.

Autre itinéraire qui ne manquera pas de virages et de paysages avec une virée vers Saint-Dié et son circuit avec un passage par le col du Haut-Jacques. Au départ d'Épinal toujours, on prend la direction de Docelles puis Bruyères, Les Rouges-Eaux et ensuite Saint-Dié-des-Vosges. En poussant un peu plus loin, les routes enchaînent les cols comme Sainte-Marie, d'Urbeis, de Fouchy ou de Steige.

LE LIEU

À 80 km à l'est de Nancy et 100 km au sud-ouest de Strasbourg, le complexe Géoparc vous propose une piste de vitesse, des espaces tout-terrain, mais aussi une piste sur glace qui accueillait le trophée Andros et des courses de moto-cross. La piste de vitesse, elle, propose un tracé simple, mais rapide, idéal pour l'apprentissage sur circuit.

HAUT-RHIN
COLMAR

Cette ville enchante les visiteurs par son charme alsacien authentique et son riche patrimoine historique et culturel.

Les canaux pittoresques du quartier de la Petite Venise, bordés de maisons à colombages colorées, offrent une expérience visuelle unique, rappelant un paysage de carte postale. Flâner le long de ces rues pavées vous conduit à découvrir des joyaux architecturaux tels que la maison Pfister, célèbre pour sa façade ornée de fresques et de bois sculpté. Le centre historique de Colmar abrite également la collégiale Saint-Martin, un imposant édifice gothique, et l'Ancienne Douane, un bâtiment emblématique de la ville. Le musée Unterlinden est un autre lieu incontournable, avec ses collections d'art médiéval et de la Renaissance, dont le célèbre retable d'Issenheim, chef-d'œuvre de Matthias Grünewald. Pour les amateurs de culture, les promenades à travers Colmar révèlent des ruelles pittoresques et des places animées, parsemées de boutiques et de galeries d'art. La ville propose aussi de nombreux événements tout au long de l'année, notamment des marchés de Noël réputés pour leur ambiance féerique. La gastronomie à Colmar est une expérience en soi, mêlant traditions alsaciennes et influences contemporaines. Les restaurants proposent des plats typiques tels que la choucroute garnie, composée de choucroute fermentée, accompagnée de viandes et de saucisses. Le baeckeoffe, un ragoût de viandes mijotées lentement avec des légumes, offre une expérience réconfortante. Les amateurs de douceurs apprécieront le kougelhopf, un gâteau traditionnel en forme de couronne, parfumé au rhum et aux raisins secs. Pour les boissons, les vins d'Alsace, notamment le riesling, le gewurztraminer et le pinot gris, se marient parfaitement avec les plats locaux et sont reconnus pour leur qualité. En explorant Colmar, vous découvrirez également les marchés où les produits locaux, comme les fromages et les charcuteries, rivalisent avec les douceurs artisanales. Les cafés et les brasseries offrent quant à eux un lieu idéal pour se détendre et goûter à la convivialité alsacienne.

LA ROUTE

De Colmar, on prend la direction de Mittelwihr par la D10, puis ensuite par la D1 bis, on continue de monter au nord du département. À Saint-Hippolyte on prend la D42 et le col du Schaentzel, puis la D481. Au Grand Breuil, on emprunte la D1059 pendant plusieurs kilomètres avant de redescendre par la D424 vers Heidolsheim. À Marckolsheim, on récupère la D468 pour rejoindre Artzenheim, puis la D111 qui ramène jusqu'à Colmar.

LE LIEU

L'un des musées de la moto dont on entend souvent parler. La grange à Bécanes, à Bantzenheim, accueille le public d'avril à octobre. Vous y découvrirez une collection de plus de 90 motos anciennes dont : Ravat, Radior, Monet-Goyon, Terrot, Libéria, Hercules… Là, on parle vraiment d'anciennes et même de marques éteintes.

HAUT-RHIN
MULHOUSE

Mulhouse est une destination prisée pour les amateurs de musées et de gastronomie locale.

Pour les amateurs de belles mécaniques, le passage est obligatoire par la Cité de l'Automobile – Collection Schlumpf, qui est l'un des plus grands musées de l'automobile au monde. Il expose une collection impressionnante de voitures, notamment des modèles emblématiques de la marque Bugatti. La Cité du Train – musée français du chemin de fer retrace l'histoire du chemin de fer en France, proposant une vaste collection de trains anciens et une plongée dans l'évolution du transport ferroviaire. On peut également visiter le musée de l'Impression sur Étoffes qui met en lumière l'histoire de l'impression sur étoffes, une tradition qui a marqué Mulhouse. On peut y admirer des collections de tissus, d'outils, de machines, ainsi que des expositions temporaires. Quant au musée des Beaux-Arts, il est situé dans un élégant bâtiment néo-classique et offre une collection variée de peintures européennes allant du Moyen Âge au XXe siècle, avec des œuvres de maîtres tels que Rubens, Géricault et Courbet. Pour une pause nature, le Parc zoologique et botanique est un lieu de détente pour les familles et les amoureux de la nature. Il abrite de nombreuses espèces animales et végétales, ainsi qu'un joli plan d'eau. Enfin, le temple Saint-Étienne, une église protestante de style gothique, se distingue par ses magnifiques vitraux réalisés par le maître verrier alsacien Charles Spindler. En ce qui concerne les spécialités culinaires, Mulhouse est connue pour sa choucroute alsacienne, préparée avec de la choucroute fermentée, des pommes de terre, et diverses viandes comme des saucisses, du jambon et du lard. Le baeckeoffe est un ragoût de viande marinée dans du vin blanc, mijoté lentement avec des pommes de terre et des légumes. La flammekueche, ou tarte flambée, est une spécialité alsacienne faite de pâte fine garnie de crème, d'oignons et de lardons, cuite au four et servie bien chaude. Le kougelhopf est un gâteau en forme de couronne parfumé avec du rhum et des raisins secs, parfois agrémenté d'amandes. Les vins d'Alsace, tels que le riesling, le gewurztraminer et le pinot gris, sont réputés et s'accordent parfaitement avec les spécialités locales.

LA ROUTE

Point de départ, Sainte-Marie-aux-Mines et on attaque direct par la D48, puis la D148 jusqu'à la route du col du Bonhomme. On croise cette dernière, la D415, et on continue sur la D148, puis la D61. Arrivé au col de la Schlucht, il y a la D417 qui relie Colmar à Gérardmer. Une portion sympa mais très fréquentée, et où il est rare de pouvoir doubler « légalement ». Le mieux est d'opter pour la D430, la célèbre route des Crêtes, une superbe rampe de lancement pour rejoindre la D431 qui grimpe vers le Grand Ballon. Pour rejoindre la banlieue de Mulhouse, deux options : au col Amic, soit vous continuez tout droit, soit vous piquez à gauche pour descendre par Soultz-Haut-Rhin.

L'ÉVÉNEMENT

La montée impossible de la Bresse attire les foules depuis plus de 30 ans avec une adaptation d'une discipline importée des États-Unis. Cette pratique de moto extrême, à la fois spectaculaire et relativement sécurisée, consiste à gravir une pente avec un dénivelé extraordinaire. Aujourd'hui, les motos utilisées sont toutes des prototypes allongés, avec des moteurs pouvant développer jusqu'à 200 chevaux. Les tentatives finissent souvent par des cascades impressionnantes, offrant aux spectateurs un véritable show.

LORRAINE
NANCY

Ville dynamique, Nancy est connue pour son patrimoine architectural exceptionnel, son histoire riche et sa vie culturelle animée. Nancy est une destination incontournable pour les amateurs d'art, d'histoire et de gastronomie.

Le cœur de la ville est marqué par la célèbre place Stanislas, l'un des joyaux de Nancy et de la France. Inscrite au patrimoine mondial de l'Unesco, cette place majestueuse est entourée de superbes bâtiments de style néoclassique, avec des grilles en fer forgé doré, des fontaines et des statues ornées. C'est un lieu de rassemblement populaire pour les habitants et les visiteurs, qui peuvent profiter de ses cafés et restaurants en terrasse. Nancy est également réputée pour son héritage Art nouveau, notamment grâce à l'École de Nancy, un mouvement artistique qui s'est épanoui à la fin du XIXe siècle. Les visiteurs peuvent découvrir des bâtiments emblématiques de ce style, tels que la Villa Majorelle ou le musée de l'École de Nancy, qui abrite une collection exceptionnelle de meubles, d'objets d'art et de vitraux Art nouveau. La ville est aussi un centre culturel important, avec de nombreux musées et institutions tels que le musée des Beaux-Arts, qui abrite une riche collection allant du Moyen Âge à l'art contemporain, et l'opéra national de Lorraine, qui propose des spectacles de qualité tout au long de l'année. Nancy est également connue pour sa scène universitaire et étudiante animée, grâce à ses universités et grandes écoles. Cela contribue à une atmosphère jeune et dynamique, avec de nombreux cafés, bars et lieux de rencontre. Côté gastronomie, Nancy propose des spécialités régionales telles que les macarons de Nancy, une délicieuse pâtisserie aux amandes, et la quiche lorraine, un plat savoureux à base de pâte feuilletée, d'œufs, de crème et de lardons, sans oublier la liqueur de mirabelle.

LA ROUTE

Au départ de Nancy, prenez la direction de Cerville avec la D83, avant de bifurquer à droite à Réméréville et la D70. À Maixe, on récupère la D2. Direction ensuite Dombasle-sur-Meurthe puis Rosières-aux-Salines et la D1 qui emmène vers Dametévère. Direction ensuite Haussonville puis Ferrières et la D112 qui remonte vers Nancy.

LE LIEU

À 50 km à l'est de Nancy, le Pôle des Sports mécaniques de Lorraine dispose d'un circuit de vitesse inauguré en 2008. Son tracé alterne une portion rapide avec deux lignes droites de plus de 600 mètres et une portion plus lente avec des enchaînements techniques. Le site abrite également un parcours rallye cross, une piste de kart de 1 400 mètres et un centre de perfectionnement à la conduite tous véhicules.

HOTEL DE VILLE
A
STANISLAS
LE BIENFAISANT
LA
LORRAINE
RECONNAISSANTE
1831

ALSACE
RIQUEWIHR

Ce magnifique village médiéval, niché au cœur du vignoble alsacien, est réputé pour son charme pittoresque, son patrimoine architectural préservé et ses vins réputés.

Le centre historique de Riquewihr est un véritable trésor d'architecture alsacienne. Les rues étroites et pavées sont bordées de maisons à colombages colorées, datant pour certaines du XVIe siècle. Les balcons fleuris, les volets en bois et les détails architecturaux soignés ajoutent à l'atmosphère enchanteresse du village. La Dolder, une ancienne tour de garde, est l'un des édifices les plus emblématiques de Riquewihr. Riquewihr est aussi réputé pour ses vins. Les domaines viticoles qui entourent le village produisent des cépages alsaciens de grande qualité, tels que le riesling, le gewurztraminer, le pinot gris et le muscat. Les visiteurs peuvent déguster ces vins dans les caves locales et en apprendre davantage sur les traditions viticoles de la région. Le village accueille également de nombreux événements tout au long de l'année, notamment le marché de Noël, qui attire des visiteurs du monde entier avec ses stands artisanaux, ses décorations festives et son ambiance chaleureuse. La gastronomie alsacienne est également à l'honneur à Riquewihr. Les restaurants locaux proposent des plats traditionnels tels que la choucroute, la tarte flambée, le baeckeoffe et d'autres spécialités régionales. Les épiceries fines offrent également l'occasion de découvrir les saveurs locales.

LA ROUTE

De Riquewihr, on prend la D1bis jusqu'à Saint-Hippolyte avant de bifurquer vers la D42 et la D482 juste après le col du Schaentzel. La D481 vous fera franchir le col de Fouchy. Après on tourne à gauche sur la D739 vers Urbeis puis la D156 et ses virages en enfilades. Après un arrêt à la ferme auberge des Cimes sur la D214 on prend encore de la hauteur par la route des Crêtes et le col de Steige, puis le col de la Charbonnière.

Autre route avec celles des vins d'Alsace (longue de 170 km) qui serpente au pied du massif des Vosges dans le vignoble alsacien et relie Marlenheim au nord à Thann au sud.

Au pays de Ribeauvillé et Riquewihr, ce sont 11 villages viticoles qui sont traversés par la Route des vins d'Alsace.

LE LIEU

L'Anneau du Rhin, ancienne concession Ferrari, propose des installations de vitesse dédiées à l'automobile et à la moto, à 40 km au nord de Mulhouse et 100 km au sud de Strasbourg. Accueillant de nombreux événements sportifs (Drift Cup, Coupe de France des Circuits, etc.), la piste de l'Anneau du Rhin n'est accessible aux motards que via des journées organisées. Vous pourrez alors découvrir le tracé rapide de ce circuit qui coupe à travers la forêt alsacienne sur une piste de presque trois kilomètres.

AUBE
CLAIRVAUX

Clairvaux est surtout connu pour son abbaye historique fondée par saint Bernard de Clairvaux au XIIe siècle.

Cette abbaye cistercienne a joué un rôle majeur dans l'histoire religieuse et culturelle de la région, et bien qu'elle ait été transformée en prison au XVIIIe siècle, elle conserve une grande partie de son architecture originale et de son atmosphère spirituelle. En dehors de son patrimoine historique, Clairvaux est entouré de paysages pittoresques, de collines verdoyantes et de vallées tranquilles, offrant un cadre paisible pour les amateurs de nature et de détente. Les visiteurs peuvent profiter de balades à pied ou à vélo dans la campagne environnante, ou encore explorer les nombreux sites d'intérêt historique et culturel de la région. En ce qui concerne la gastronomie locale, la région de Clairvaux est réputée pour ses spécialités culinaires délicieuses et authentiques. Parmi les plats les plus emblématiques, on peut citer le jambon de Troyes, une charcuterie délicieuse préparée avec des méthodes traditionnelles, ainsi que l'andouillette de Troyes, une saucisse à base de tripes, appréciée pour son goût prononcé et sa texture. Les fromages locaux, tels que le chaource, sont également très prisés. Ce fromage de vache à pâte molle et croûte fleurie est apprécié pour sa douceur et sa saveur subtile. Il se marie parfaitement avec les vins locaux, en particulier ceux issus des vignobles voisins de Champagne. Pour accompagner ces mets délicieux, les vins de la région de Champagne sont incontournables. Les producteurs locaux proposent une grande variété de cuvées, des champagnes bruts aux demi-secs, qui s'harmonisent parfaitement avec les spécialités locales. Les marchés locaux sont également un excellent moyen de découvrir la richesse gastronomique de la région. Vous y trouverez des produits frais tels que des légumes, des fruits, des miels, et bien sûr, des produits artisanaux et des mets locaux préparés avec soin.

LA ROUTE

Après un tour entre Arrentières, puis Colombé-la-Fossé et Rouvres-les-Vignes, poussez jusqu'à Colombey-les-Deux-Églises, le pays du Grand Charles. De là, descendez au sud par la D22 avec ses grandes courbes en sous-bois façon, puis la D15 jusqu'à Longchamp-sur-Aujon. De retour à Clairvaux, prendre la direction d'Arconville, puis Bergères, un minuscule village débordant de charme. Ensuite on rejoint Bligny, Vitry-le-Croisé, Saint-Usage. Juste avant Noé-les-Mallets, faites impérativement une halte sur la D45, au plateau du Blu, qui domine et offre un panorama à 180° sur les vignes de la Côte des Bar. Vous y découvrirez aussi ce qu'est une cadole, ce petit abri de vignerons en pierres sèches. Continuez ensuite vers Essoyes, village marqué du pinceau d'Auguste Renoir, puis Les Riceys après avoir traversé la Seine. Les variantes sont nombreuses en Côte des Bar : prenez le temps de vous perdre.

L'ÉVÉNEMENT

Au sud de Bar-sur-Seine se tient une endurance tout-terrain avec une épreuve de 24 h pour les motos pré 1970 qui concourt sur un circuit de 1,4 km. Une épreuve mythique qui se rapproche des cinquante éditions.

AUBE
TROYES

Troyes est connue pour son riche patrimoine architectural, son histoire fascinante et sa tradition de commerce textile.

La ville est traversée par la Seine, ce qui lui confère un charme particulier et de nombreuses opportunités de promenades au bord de l'eau. Le centre historique de Troyes est célèbre pour son aspect médiéval préservé. Ses rues pavées sinueuses et ses maisons à colombages colorées offrent une ambiance pittoresque et transportent les visiteurs dans le passé. La place du marché au Pain, bordée de façades à colombages, est un lieu incontournable de la ville. Troyes est également réputée pour ses magnifiques églises gothiques, en particulier la cathédrale Saint-Pierre-et-Saint-Paul, qui présente une architecture impressionnante avec ses vitraux remarquables. L'église Sainte-Madeleine, avec son portail sculpté et sa tour carrée, est un autre exemple de l'art gothique de la région. Au-delà de son patrimoine architectural, Troyes est aussi célèbre pour son industrie textile. Au cours des siècles, la ville s'est imposée comme un important centre de production de tissus, notamment de la dentelle, des bas et des tricots. Aujourd'hui, l'industrie de la mode et de l'habillement demeure un pilier économique pour la ville, avec de nombreuses boutiques et outlets proposant des produits de grandes marques à prix attractifs. Troyes offre également une scène culturelle dynamique avec des musées tels que le musée d'Art moderne, le musée des Beaux-Arts et d'Archéologie, et le musée de l'ancienne Maison de l'Outil et de la Pensée Ouvrière, qui célèbre les métiers d'art et le savoir-faire artisanal. Une fois la ville visitée, comment ne pas aller déguster une bonne andouillette AAA !

LA ROUTE

On prend la direction de l'est et Lusigny-sur-Barse par la D619. On remonte un peu par la D11 puis la D1 pour faire le tour du lac d'Orient. À Géraudot, direction Vendeuvre-sur-Barse. Cap sur Éguilly-sous-Bois et Vitré-le-Croisé, puis Bligny par la D4 et la D44 pour se rendre jusqu'à Bar-sur-Aube.

L'ÉVÉNEMENT

Profitez d'être dans la région pour assister à un match de Motoball avec le club de Suma Troyes. Alliant le football traditionnel à la conduite de motos, il se joue sur un terrain de football, généralement en herbe ou en gazon synthétique, et implique deux équipes de quatre joueurs qui doivent, sur leurs motos, envoyer un ballon de grande taille dans le but adverse en utilisant les roues de la moto ou les pieds.

Texte : Damien Bullot
Couverture : Martin Laignel
Maquette : Sanaa Montiagoudo

ISBN : 978-2-38058-494-3
Dépôt légal : août 2024

Crédits Photos

Bruno Sellier : photos des encadrés « la route », actions et ouvertures de région

Shutterstock : Production Perig / Jarry / Tripelon / Stephane Bdc / Bart Poelaert / Capturepb / Artur Didyk / Pack-Shot / Larik_Malasha / Olrat / Bensliman Hassan / Ilolab / Page Frederique / Christophe Licoppe / Electricoco / Huang Zheng / Boulet Arnaud / Pack-Shot / Tokar / Volker Rauch / Larik_Malasha / Volker Rauch / Barmalini / Borisb17 / Hesam Sanaee / Ldgfr Photos / Karetnikava Lizaveta / Dvoevnore / A Peace / Traveller70 / Ncphotographe / Gregory Guivarch / Natalia Hanin / Synto / Sinuswelle / As Foodstudio / Traveller70 / Michel Renaudeau / Eqroy / Kiev.Victor / Virginie Blanquart / G.Ozenne / Jerome.Romme / Barmalini / Asmr / Achim Thomae / Elena Dijour / Gregory Guivarch / Xacir / Saiko3p / Jean-Pierre Bouchard / Reda&Co / Tracey Kusiewicz / Foodie Photography / Auduciel / Esin Deniz / Rysan / David Burden Photography / Lucentius / Milosk50 / Pecold / Aprilianzee / Olgabombologna / Vouvraysan / Fhm / Momo Productions / Maksim Toome / Paul Atkinsona / Image Professionals Gmbh / Dea / G. Dagli Orti / T.W. Van Urk / Jerome Romme / Kiev.Victor / Melei5 / Monique Pouzet / Natalia Hanin / Boris Stroujko / Jacek Chabraszewski / Photoprofi30 / Barmalini / Tareq Smith / Reda&Co / François Cazaux / Hlphoto / Agaglowala / Melissa Tse / Michel Renaudeau / Image Professionals Gmbh / Marka / Eric Volto / 500px / Massimo Ravera / John Elk Iii / Image Professionals Gmbh / Eye Ubiquitous / Tysb / Richard Semik / Jorrisg / Sissoupitch / Margouillat Photo / Valentinvd / Egoreichenkov Evgenii / Henryk Sadura / Borisb17 / Fabien Lenoir / Bearfotos / Kipgodi / Mimohe / Bonchan / Arnold Petersen / Alexander Prokopenk / Xc / Martpod / Armando Oliveira / Andre Quinou / Elshanquliyev / Slowmotiongli / Jeff Gynane / Rfondren Photography / Alexander Demyanenko / Svetlana Bondareva / Goskova Tatiana / Majonit / Drong / Tsuyoshi Kaneko / Lens-68 / Foodpictures / Evan Frank / Chatham172 / Chatham172 / Kavalenkava / Noirchocolate / Elena Ska / Page Frederique / Mshev / Clement_Vllr / As Foodstudio / Adisa / Noirchocolate / Neydtstock / Oksanaschmidt / Pecold / Leoks / Victoria Moloman / Photobeps / Ilolab.

Et Alexis Goure et Krzysztof Pazdalski

Éditions Larivière
12 rue Mozart, 92110 Clichy

Achevé d'imprimer par Polina en France en août 2024